本书是国家自然科学基金青年基金
"考虑银行系统风险贡献的存款保险逆周期式定价研究"
(71601035)研究成果

权衡存款保险正负效应的逆周期式定价研究

吕筱宁　秦学志 ◎ 著

中国社会科学出版社

图书在版编目（CIP）数据

权衡存款保险正负效应的逆周期式定价研究/吕筱宁，
秦学志著．—北京：中国社会科学出版社，2017.11
ISBN 978 - 7 - 5203 - 0249 - 4

Ⅰ．①权…　Ⅱ．①吕…②秦…　Ⅲ．①存款保险制度—
研究—中国　Ⅳ．①F842.69

中国版本图书馆 CIP 数据核字（2017）第 089792 号

出　版　人　赵剑英
责任编辑　卢小生
责任校对　周晓东
责任印制　王　超

出　　　版　中国社会科学出版社
社　　　址　北京鼓楼西大街甲 158 号
邮　　　编　100720
网　　　址　http：//www.csspw.cn
发 行 部　010 - 84083685
门 市 部　010 - 84029450
经　　销　新华书店及其他书店
印刷装订　北京明恒达印务有限公司
版　　次　2017 年 11 月第 1 版
印　　次　2017 年 11 月第 1 次印刷
开　　本　710 × 1000　1/16
印　　张　11.25
插　　页　2
字　　数　166 千字
定　　价　50.00 元

前　言

　　存款保险制度存在正负效应，比如，在降低银行存款偿还风险的同时，可能激励银行产生"道德风险"行为；在提升存款人对金融系统信心的同时，可能降低存款人监督银行经营管理的动机；在抑制金融系统风险传导的同时，可能扭曲金融市场的有效竞争机制。传统的以风险调整差别费率为依据的存款保险定价制度具有顺周期特性，一定程度上削弱了存款保险的正面效应，产生了负面效应。因此，权衡存款保险的正负效应，构建具有逆周期特点的中、长期存款保险定价模型具有实践意义和理论价值。本书正是基于上述目标，以兼具理论与实用价值的跳扩散和随机微分方程相关定价技术为主线，对存款保险相关问题展开研究。

　　本书共分八章，第一章是绪论，接下来是本书的研究主体，在第二章介绍研究理论基础和实证准备的基础上，着重对两个主题进行了较系统的研究。

　　第一个主题主要以存款保险存在的各种正负效应为研究对象，揭示了制度参数变化对各种效应的量化影响，包括第三章至第五章。

　　第三章度量了存款保险制度对银行系统产生的存款稳定效应。构建了存款人异质信念下存款保险制度的存款稳定效应测算模型。首先，刻画了具有异质信念的资金持有者的决策模式及正常经济形势下投保前后银行系统存款规模的变化，据此度量正常经济形势下存款保险的存款稳定效应。其次，计算隐性存款保险制度和显性存款保险制度下极端事件发生后银行系统的存款流失率，以二者之差度量极端事件发生后显性存款保险制度的存款稳定效应。最后，为验证模型效果，对投保比例及其他各参数的若干变化情景进行了模拟分析，结果显示：存款保险的稳定效应与投保比例正相关，经济形势越不稳定、银行系统信息透明度越高，存款保险的存款稳定效应越显著。

第四章度量了存款保险制度对银行系统危机期间风险传导的抑制效应。基于分位数回归模型，以银行资产价值的预期短缺 ES 作为度量银行资产风险的指标，实证分析了我国上市银行间的风险传导效应，并通过模拟分析计算购买存款保险前后银行间风险传导效应的变化，以此作为度量存款保险风险传导抑制效应的指标。基本结论包括银行间的风险传导效应表现出了非对称性特点；不同银行发生的风险事件对银行系统总风险的影响不同，当风险事件冲击较大时，购买存款保险能够将银行间的风险传导效应控制在一定范围内，且存款保险的风险传导抑制效应与风险事件引起银行系统风险的变化程度之间呈正相关关系。

第五章度量了存款保险制度对单个银行产生的风险激励效应。首先，基于存款保险的存款稳定效应的分析结果，度量了银行购买存款保险后增强抗冲击能力的程度。其次，运用前景理论，推导银行购买存款保险前后权益前景值的变化；进一步地，根据银行增加信贷投资风险的边界条件，即保持投保前后银行权益价值的前景值不变，计算购买存款保险前后银行信贷资产波动率的变化。最后，模拟分析了2012 年度存款保险对我国 14 家上市银行的风险激励效应，结果显示：各银行对风险事件发生概率的偏估强化了其主观上对存款保险抵御风险效应的感知；存款保险制度对各银行产生了不同程度的风险激励效应，总体来看，投保比例与风险激励效应呈正相关关系。

第二个主题主要以存款保险定价方法为研究对象，构建能权衡各种政府效应的、具有逆周期特点的存款保险定价模型，包括第六章和第七章。

第六章构建了跨期存款保险定价模型，据此给出了逆周期式存款保险定价方法。将影响银行资产价值的风险因素分解为系统性风险因素和银行特质风险因素，从而在跨期条件下将表征系统性风险的宏观经济因素引入存款保险费率厘定的模型中，进而得到了具有逆周期特点的存款保险费率厘定方法。通过实证和模拟分析，得到了我国 14

家上市银行 2008—2012 年跨期五年的存款保险费率，并就各年度费率均值和逆周期特点两个方面，与其他费率制定方法进行了比较，且对参数进行了敏感性分析。结果显示：存款保险的基础费率与存款参保比例负相关，与逆周期系数正相关；逆周期存款保险费率具有一定的额外成本，且逆周期特征越显著，相应的额外成本也越高。

第七章在逆周期式费率的基础上，构建了以监管部门、存款保险公司和银行为局中人，以存款保险各种正负效应为约束条件的存款保险制度设计的博弈模型。采用蒙特卡罗模拟的方法研究存款保险相关条款及费率对三方利益的影响，进而确定包括费率逆周期系数、投保比例上下限、监管部门承诺的再融资额度等一系列参数的理想取值，意在维持存款保险基金收支平衡的基础上，使得整个银行系统的短缺风险较小，在一定的参数设定情景下，给出了相应的模拟结果。

最后，第八章对全书进行总结以及给出进一步工作的展望。

本书是集体合作的结晶，凝结了各位作者长达四年精诚合作的研究成果。同时，在研究过程中笔者得到了很多志同道合的科研人员的大力支持，在此一并表示真挚的感谢。

存款保险正负效应及定价模型的研究发展迅速，新成果不断出现，本书的研究内容只涉及其中很小的一部分，希望能给大家带来一点有益的启发。恳请读者批评指正，再次表示真诚的感谢。

吕筱宁

2016 年 12 月

目　录

第一章 绪论

第一节 引言

存款保险制度是一种为了维护金融业稳健经营、保护存款人利益的金融保障制度，最早起源于美国，2008—2009 年美国共计倒闭 165 家银行，涉及总存款 3189 亿美元，美国联邦存款保险公司（FDIC）在一系列重要危机处置计划中发挥了积极作用。自 20 世纪 60 年代中期以来，绝大多数的发达国家，以及印度、越南、哥伦比亚等数十个发展中国家，都相继构建了显性存款保险制度，目前世界上已有超过 90 个国家和地区建立了此项制度。部分国家存款保险机构的职能见表 1-1。需要指出的是，为行文方便，本书多以"银行"代替"吸收存款的金融机构"。

表 1-1　　　　　部分国家存款保险机构的主要职能

国家	机构形式	主要职能
美国	政府机构	1. 银行破产情况下，偿付存款人存款；2. 监管银行稳健经营；3. 处置问题银行，接管破产银行
德国	民间机构	1. 银行破产情况下，偿付存款人存款；2. 救助问题银行，处置破产银行
西班牙	混合形式	1. 银行破产情况下，偿付存款人存款；2. 救助问题银行，协助重组破产银行
意大利	民间机构	1. 银行破产情况下，偿付存款人存款；2. 救助问题银行，处置破产银行

续表

国家	机构形式	主要职能
丹麦	政府机构	1. 银行破产情况下，偿付存款人存款；2. 依据"购买和承担"条款对倒闭银行的资产和负债进行处置
加拿大	政府机构	1. 银行破产情况下，偿付存款人存款；2. 监管银行稳健经营
日本	政府机构	1. 银行破产情况下，偿付存款人存款；2. 代表存款人利益重组破产银行；3. 在收购兼并破产银行过程中提供财务援助及其他帮助
尼日利亚	政府机构	1. 银行破产情况下，偿付存款人存款；2. 监管银行稳健经营；3. 对破产银行进行清算

资料来源：笔者在孙晓琳《基于责任承担的存款保险定价研究》（大连理工大学出版社2012年版）基础上整理得到。

近年来，我国金融机构，包括中银信托、海南发展银行、广东国际信托、中农信、光大信托等发生的一系列破产事件，警示着金融风险控制尤其是存款人利益保护的不容忽视性。我国对于存款保险制度的计划与准备已持续了十余年，但迄今为止，我国仍实行隐性存款保险制度，即若金融机构破产，中央银行和地方政府将负责偿还存款人存款。这种模式不仅给各级财政带来数万亿元的负担①，而且也会对金融系统的稳定性带来隐患。2010年6月，国务院在《批转发展改革委关于2010年深化经济体制改革重点工作意见的通知》中指示："应尽快出台存款保险制度的实施方案。"2012年1月，第四次全国金融工作会议提出："要抓紧研究完善存款保险制度方案，择机出台并组织实施。"2012年7月16日，人民银行在其发布的《2012年金融稳定报告》中称："中国推出存款保险制度的时机已经基本成熟。"2013年，中央银行发布《2013年中国金融稳定报告》称："建立存款保险制度的各方面条件已经具备。"2014年1月，中央银行在人民银行工作会议上表示："存款保险制度各项准备工作基本就绪，存款

① 苏宁：《存款保险制度设计——国际经验与中国选择》，社会科学文献出版社2007年版。

保险制度成为中国已全面展开的金融改革的重要环节。"

第二节 存款保险概述

一 存款保险相关主体

存款保险合同的本质是一份保险合同，因此存款保险制度的相关主体首先包括普通保险合同中的相关主体，即投保人、保险人、被保险人和受益人。投保人也称要保人，是与保险人订立保险合同并按照保险合同负有支付保险费义务的人。保险人又称"承保人"，是指与投保人订立保险合同，并承担赔偿或者给付保险金责任的保险公司。被保险人是指根据保险合同，其利益受保险合同保障的主体，既可以与投保人相同，也可以不同。受益人是指保险合同中由被保险人或者投保人指定的享有保险金请求权的人，投保人、被保险人可以为受益人。

在存款保险合同里，存款保险公司是保险人或承保人，负责设计存款保险合同的条款、出售保险产品、收取相应保费，并在银行破产出现存款支付困难的情况下，向存款人支付存款本息。银行购买存款保险，在期初支付保费后，得到存款保险机构在其出险后进行赔付的承诺，所以银行本身既是投保人也是被保险人。存款保险制度最终保证了存款人的利益不因银行破产而遭受损失，因此，存款人是存款保险的最终受益人。

存款保险合同除是一份保险合同外，还具有很强的政策性特点。存款保险制度规定，所有符合要求的存款性金融机构，均须以强制的方式在存款保险市场中投保，并规定存款保险制度的职责与权力应同国家公共政策相一致。① 因此，除银行、保险机构和存款人外，政府作为存款保险制度的第四方主体，具有重要的职能和作用。首先，政

---

① International Association of Deposit Insurers, Core Principles for Effective Deposit Insurance Systems, Working Paper, Bank for International Settlements Press & Communications, 2009.

府需要制定明确的存款保险制度的政策目标，这是存款保险制度实施
与改革的第一步。政策目标也应兼顾各方主体及各种目标的一致性。
其次，政府需要设立专门的存款保险机构，并在合约制定、保险理
赔、签订合约、制定内部流程与预算、及时获取准确信息以履行责任
等方面，授予存款保险机构足够的自主权力。最后，政府需对存款保
险制度的运行进行有力的监督管理，为制度的实施提供法律保障，尤
其在由"隐性存款保险制度"向"显性存款保险制度"过渡的时期
发挥指导和政策支持的作用。图 1－1 显示了存款保险相关主体及其
职能。

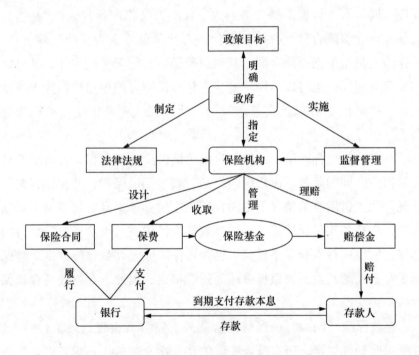

图 1－1　存款保险相关主体及其职能

二　存款保险的正负效应

构建存款保险制度的初衷和目的是维护金融业的稳定发展，但
是，制度本身也可能对金融市场产生一系列的扭曲效应，如不能正确
认识存款保险制度对金融系统产生的正、负两方面的效应，不仅会影

响存款保险费率厘定机制的设计，还可能对金融业预埋下较大的潜在风险。

（一）存款保险制度带来的银行业稳健发展效应分析

（1）有利于减少存款人的存款损失风险，提升存款人在利率市场化进程中的利益保障程度，进而向存款人传递存款偿还有保障的利好信号，正常经济形势下可增强银行系统吸收更多存款的亲和力，发生极端事件情况下可在一定程度上抑制存款流失现象。

（2）"有利于减少破产银行的数目，部分抑制或化解银行破产风险的传导效应"①；特别地，有利于与最后贷款人——中央银行一起在应对诸如金融危机等突发金融事件时，起缓冲器或稳定器的作用。

（3）有利于增强银行业对具有一定风险高科技项目或企业等的扶持能力，因而有利于推进我国产业结构的转型和升级，进而拓宽了银行信贷投资的选择渠道与发展空间。

（二）存款保险制度导致的市场扭曲效应分析

（1）由于部分存款偿还风险被存款保险机构承担，存款人可能削弱对银行监督的积极性，致使银行在支付存款保险保费后可能产生"道德风险"行为，增加其信贷投资风险②、"降低其资本充足率或转嫁部分风险给存款人（尤其在利率市场化之后）"。③

（2）"若对投保银行采取风险调整的差别费率，风险较大的银行将缴纳相对较高的保费，这可能进一步加大这类银行的经营风险；同时出于成本最小化等的考虑，存款保险机构或监管部门有时会对问题银行采取监管宽容或债务展期的处置策略"。④ 上述情形可能导致金融

---

① Bruche, M. and Suarez, J., Deposit Insurance and Money Market Freezes [J]. *Journal of Monetary Economics*, 2010, pp. 45 – 61.

② Duan, J. C., Moreau, A. F. and Sealey, C. W., Fixed – rate Deposit Insurance and Risk – Shifting Behavior at Commercial Banks [J]. *Journal of Banking & Finance*, 1992, 16 (4), pp. 715 – 742.

③ 苏宁：《存款保险制度设计——国际经验与中国选择》，社会科学文献出版社 2007 年版。

④ 朱波、黄曼：《监管宽容下的存款保险定价应用研究》，《南方经济》2008 年第 12 期。

市场的竞争扭曲，市场机制有效区分优劣银行的能力被削弱，甚至产生"存款搬家"现象①，即"存款人将存款从风险较大的银行转移至风险较小银行的现象"。

（3）从中长期来看，基于风险调整的存款保险费率具有很强的顺周期特征，即在经济上行期，银行违约风险相对较低时，存款保险费率也相对较低；相反，当经济形势出现波动，银行破产概率上升而存款准备金相对不足时，各银行将面临很高的存款保险费率，这可能会进一步恶化经济周期的波动效应。

三 存款保险相关问题的研究意义

金融市场环境日益复杂，客观要求包括存款保险制度等的风险管理工具的深入发展。利率市场化呼之欲出，且通常伴随着利率的频繁波动，将加大银行的利率风险，如美国利率市场化初期，每年倒闭的银行多达两位数甚至三位数。然而，我国金融市场风险管理工具相对缺乏，银行用短期负债支持长期资产的情况普遍存在。目前，我国构建存款保险制度的准备工作已持续了很多年，实施存款保险制度的政治环境和经济环境也日益成熟，推行权责明晰的显性存款保险制度指日可待。因此，研究权衡存款保险各种效应的定价方法具有较强的现实意义。

存款保险制度存在的各种正负效应既相互关联又相对复杂。存款保险制度在降低银行存款偿还风险的同时，可能激励银行产生"道德风险"行为；在提升存款人对金融系统信心的同时，可能降低存款人监督银行经营管理的积极性；在抑制金融系统风险传导效应的同时，可能扭曲金融市场的有效竞争机制。因此，研究协调存款保险各种效应的定价方法有助于提升存款保险的正面效应，抑制负面效应。

传统的以风险调整差别费率为依据的存款保险定价制度具有顺周期特性，一定程度上削弱了存款保险的正面效应，恶化了负面效应。虽然以风险调整差别费率为依据的存款保险定价制度能够在一定程度

---

① 苏宁：《存款保险制度设计——国际经验与中国选择》，社会科学文献出版社2007年版。

上反映各银行面临的风险，进而在短期内维持存款保险基金的收支平衡，但是，其忽略了中、长期经济波动效应对银行经营风险的影响，故而以维持银行系统稳定发展为目的的存款保险制度，可能反而加剧了银行的经营风险。因此，在协调存款保险正负效应的基础上，构建具有逆周期特点的中、长期存款保险定价模型具有实践意义和理论价值。

第三节　相关研究进展

本书涉及的研究内容主要集中在存款保险的定价方法、存款保险的正负效应和存款保险费率的周期性特征三个方面。本节主要集中在这三个方面，对现有相关研究的主要进展进行梳理。

一　存款保险定价方法的研究进展

存款保险的费率厘定机制是存款保险制度的核心，可分为统一费率和风险差别费率两种主要方式。迪龙加和桑德斯（De Longa and Saunders，2011）[①] 实证分析了美国1933年存款保险制度对银行的风险激励效应，总体来看，统一费率的存款保险制度使银行倾向于高风险经营，更容易激励银行道德风险行为的发生，而市场本身区分优劣银行的机制被明显弱化。因此，越来越多的国家和地区开始实行风险差别费率的存款保险制度，比如，德国2002年开始把所有的合作金融机构按照风险程度分成三类，美国1994年将所有投保机构分成9个级别，分别制定不同的保险费率。本书主要基于差别费率定价方法研究分析不同金融机构存款保险的合理有效价格，因此，对存款保险定价方法的研究梳理主要针对差别费率定价法。

（一）国外存款保险定价方法的研究进展

国外关于存款保险定价方法的研究，主要可以归纳为两大类：基

---

① De Longa, G. and Saunders, A., Did the Introduction of Fixed – rate Federal Deposit Insurance Increase Long – Term bank risk – taking? [J] . *Journal of Financial Stability*, 2011, 7, pp. 19 – 25.

于莫顿（Merton）看跌期权的定价方法和基于预期损失的定价方法。现有研究多是在这两种基础研究方法上展开的拓展。

1. 基于期权的定价模型其研究进展

默顿（1977）[①] 的期权定价模型是多数存款保险定价方法或费率厘定机制的主要依据之一。该方法将存款保险看作是一份银行资产的看跌期权，从而将布莱克—肖尔斯（Black-Scholes）的期权定价公式应用于存款保险的保费计算模型之中，建立了以银行资产为标的的测算存款保险合约价值的理论框架。默顿认为："银行为其存款向存款保险机构购买保险，若到期日 T 时刻银行的资产价值 V(T) 大于银行存款的到期值 D(T)，则保险公司不必承担赔付责任；若 T 时刻银行的资产价值 V(T) 小于到期存款价值 D(T)，则由保险公司支付银行资产价值与存款价值的差额，即存款人损失部分。"因此，银行购买存款保险相当于购买了一份以银行资产价值 V(T) 为标的，以期末存款价值 D(T) 为执行价格的看跌期权。默顿在期权定价公式的假设之上进一步假定银行的全部负债来源于存款，且存款本息都已被保险。在此基础上，存款保险合同期内的 t 时刻银行资产价值 V(t) 服从。

$$dV(t)/V(t) = \mu_V dt + \sigma_V dw(t) \tag{1.1}$$

式中，μ_V 为银行资产的即时收益率，σ_V 为银行资产收益率的波动率，$w(t)$ 为遵循标准的维纳过程。

根据无套利原理，默顿构造了一个由期权和银行资产组成的无风险投资组合，并推导得到期权价格变化的偏微分方程：

$$\frac{\partial f}{\partial t} + \frac{1}{2}\sigma_V^2 V(t)^2 \frac{\partial^2 f}{\partial V(t)^2} + r_f V(t) \frac{\partial f}{\partial V(t)} - r_f f = 0 \tag{1.2}$$

式中，r_f 为无风险利率。

求解偏微分方程（1.2），得到默顿的存款保险看跌期权定价公式：

$$P = D(T)e^{-r_f T}N(-x_2) - V(0)N(-x_1) \tag{1.3}$$

---

① Merton, R. C., An analytic derivation of the cost of deposit insurance and loan guarantees: An application of modern option pricing theory [J]. *Journal of Banking & Finance*, 1977, 1, pp. 3–11.

式中，$x_1 = \dfrac{\ln[V(0)/D(T)] + (r_f + \sigma_V^2/2) T}{\sigma_V \sqrt{T}}$，$x_2 = x_1 - \sigma_V \sqrt{T}$，$N(.)$ 为标准正态分布的累积分布函数，$V(0)$ 为保险期初银行的资产价值。

进而得到单位存款对应的存款保险费率：

$$h = \frac{P}{D(0)} = \frac{D(T) e^{-r_f T} N(-x_2) - V(0) N(-x_1)}{D(0)} \tag{1.4}$$

式（1.4）即为基于看跌期权的存款保险费率计算公式。

默顿期权定价模型中，银行资产收益波动率 σ_V 不易获取，为此，马库斯和沙克德（Marcus and Shaked）[①] 给出关于 σ_V 的计算表达式：

$$\sigma_V = \sigma_S \left[1 - \frac{D(T) e^{-r_f T} N(x_2)}{e^{-\pi T} V(0) N(x_1)} \right] \tag{1.5}$$

式中，σ_S 为银行股权即时收益率的波动率，π 为银行股票年红利的收益率。

MS 公式是默顿模型的一个广义化形式，刻画了银行资产价值在获得存款保险前后的不一致特征，且考虑了股票红利对内部准备金的影响效果。

罗恩和弗马（Ronn and Verma，RV，1986）[②] 沿用了上述思路，并对默顿模型和 MS 模型做了重要拓展。罗恩和弗马将银行股权价值看作以银行资产价值为标的，以期末银行负债价值为执行价格的欧式看涨期权，得到银行股权价值：

$$S(0) = V(0) N(x_1) - D(T) e^{-r_f T} N(x_2) \tag{1.6}$$

进一步地，根据伊藤引理得到银行资产价值波动率和银行股权价值波动率之间的关系，即：

$$\sigma_S = \frac{\partial S(0)}{\partial V(0)} \cdot \frac{V(0)}{S(0)} \sigma_V = N(x_1) \cdot \frac{V(0)}{S(0)} \sigma_V \tag{1.7}$$

进而得到银行资产价值波动率：

---

① Marcus, A. J. and Shaked, I., The Valuation of FDIC Deposit Insurance Using Option - pricing Estimàtes [J] . *Journal of Money, Credit and Banking*, 1984, 16（4），pp. 446 - 460.

② Ronn, E. I. and Verma, A., Pricing Risk - Adjusted Deposit Insurance: An Option - Based Model [J] . *The Journal of Finance*, 1986, 41（4），pp. 871 - 895.

$$\sigma_V = \frac{1}{N(x_1)} \cdot \frac{S(0)}{V(0)} \cdot \sigma_S \tag{1.8}$$

此外，RV 模型明确考虑了存款保险的监管宽容策略，即当投保银行处于一般意义上的破产临界值时，在一定限度内，存款保险公司并不立即对其破产清算，而是向其注入一定的救助资金使其继续运营[①]。

Duan 等（1994）[②] 用极大似然估计法来处理不可直接观察的银行资产收益率和波动率的估计问题，并将之运用到存款保险期权定价模型中。Duan 假设银行每日资产价值 $V(t)$ 服从式（1.1）的对数正态分布，进而构造银行资产价值的极大似然函数。并假设银行每日权益价值和资产价值之间满足：

$$S(t) = V(t)N(x_{1,t}) - D(t)e^{-r_f(T-t)}N(x_{2,t}) \tag{1.9}$$

式中，$x_{2,t} = x_{1,t} - \sigma_V\sqrt{T-t}$。

由式（1.9）推导得到银行股权价值的似然函数，进而根据可观测的银行每日股权价值，通过迭代的方法估计得到银行资产收益率和波动率 $x_{1,t} = \dfrac{\ln[V(t)/D(T)] + (r_f + \sigma_V^2/2)(T-t)}{\sigma_V\sqrt{T-t}}$。Duan 等进一步证明了此方法的一致性和有效性。

此外，对默顿期权定价模型的扩展包括：Duan 等（1995）[③] 开发了 GARCH 期权定价模型，用于考察金融资产的某些特性：收益的厚尾分布、波动聚集和杠杆效应等，以利于对存款保险期权定价模型的截面数据进行刻画；Pennacchi 等（1995）[④] 将默顿模型拓展成无限期模型，且认为有限期的单期模型可能会低估存款保险的价值；Ander-

---

① 孙晓琳、秦学志、陈田：《监管宽容下资本展期的存款保险定价模型》，《运筹与管理》2011 年第 1 期。

② Duan, J. C., Maximum likelihood estimation using price data of the derivative contract [J]. *Mathematical Finance*, 1994, 4 (2), pp. 155 – 167.

③ Duan, J. C., Moreau, A. F. and Sealey, C. W., Deposit insurance and bank interest rate risk: Pricing and regulatory implications [J]. *Journal of Banking & Finance*, 1995, 19, pp. 1091 – 1108.

④ Gortona, G. B. and Pennacchic, G. G., Banks and loan sales Marketing nonmarketable assets [J]. *Journal of Monetary Economics*, 1995, 35 (3), pp. 389 – 411.

son 和 Cakici（1999）[①] 在期权定价模型下，引入了利率期限结构及利率条件合约，计算利率变动条件下存款保险的费率。

随着金融环境的日益复杂，越来越多的学者在默顿期权定价模型的基础上，考虑更加灵活和宽容的存款保险合同设计，对传统定价方法进行改进。代表性改进研究包括：Acharya（1996）[②] 在存款保险合约中给陷入困境的银行包括监管宽容在内的特许价值（Charter value），在此基础上确定的期权定价方法有利于激励银行通过减少道德风险行为来获取这个价值；Shih – Cheng Lee 和 Jin – Ping Lee（2005）[③] 将资本不足的金融机构的展期视为一项期权，构建存款保险定价模型，得出一个闭式解；Dar – Yeh Hwang 等（2009）[④] 将银行破产成本设置成资产收益波动率的函数，论证了银行破产成本是影响存款保险费率水平的重要因素，构建了包含破产成本及相关监管宽容等政策的存款保险期权定价模型。

近年来，考虑银行信贷风险特征的存款保险期权定价方法受到越来越多的关注。Dermine 和 Lajeri（2001）[⑤] 认为，忽视银行信贷风险特征的存款保险定价模型将会严重低估存款保险费率，在此基础上，利用期权定价模型，模拟估算出对信贷风险较为敏感的银行存款保险费率；Jacky So 和 Jason Z. Wei（2004）[⑥] 将银行由于改变信贷风险特征而形成的信用风险内生化，进而研究暂缓行使债权人权利的效率，

① Anderson, R. W. and Cakici, N. , The Value of deposit insurance in the presence of interest rate and credit risk [J] . *Financial Markets, Institutions & Instruments*, 1999, 8（5）, pp. 45 – 62.

② Acharya, S. , Charter value, minimum bank capital requirement and deposit insurance pricing in equilibrium [J] . *Journal of Banking & Finance*, 1996, 20, pp. 351 – 375.

③ Lee, S. C. , Lee, J. P. and Yu, M. T. , Bank capital forbearance and valuation of deposit insurance [J] . *Canadian Journal of Administrative Sciences*, 2005, 22（3）, pp. 220 – 229.

④ Hwang, D. Y. , Shie, F. S. and Wang, K. et al. , The pricing of deposit insurance considering bankruptcy costs and closure policies [J] . *Journal of Banking & Finance*, 2009, 33, pp. 1909 – 1919.

⑤ Dermine, J. and Lajeri, F. , Credit risk and the deposit insurance premium：Anote [J] . *Journal of Economics and Business*, 2001（53）, pp. 497 – 508.

⑥ Jacky, S. and Wei, J. Z. , Deposit Insurance and Forbearance under moral hazard [J] . *The Journal of Risk and Insurance*, 2004, 71（4）, pp. 707 – 735.

并使用期权定价模型求得此情况下银行的存款保险费率；阿德勒和乔伊（Adler and Joe，2006）① 讨论了美国 FDIC 提出的一个保险存款定价方案，认为即使在相同的风险条件下，大型银行相对于小型银行支付更高的存款保险费率有利于弱化银行增加信贷风险的动机，进而利用期权定价模型求得不同规模银行对应的存款保险费率。

2. 预期损失估计法的研究进展

预期损失估计定价法是以投保银行期末损失的期望现值作为计算公平费率的依据。预期损失估计法有利于克服默顿期权定价法仅适用于上市银行的局限，其中：

预期损失 = 预期违约概率 × 风险暴露 × 给定违约下的损失率

"预期违约概率"是指银行发生违约事件而需要存款保险机构进行理赔的概率，是预期损失定价方法的核心。"风险暴露"一般是指银行投保的存款总额，但是，对于某些"大而不倒"的银行，风险暴露通常可设定为其全部存款总额。"给定违约下的损失率"是指当银行发生违约事件情况下，违约存款金额占全部投保存款金额的比例，它表示总投保存款的损失程度，可以根据存款保险公司的历史记录、综合各银行的经营状况（如业务整合情况、贷款集中度、银行资产负债结构等）来进行估计。

运用预期损失定价法确定存款保险费率的关键是度量投保银行的违约概率或违约风险，因此，这部分相关研究具有间接的、基础性的借鉴意义。衡量银行面临违约风险大小的基本方法包括基本分析、市场分析或评级分析。典型的基本分析可运用 CAMEL 原则（即 C 为资本充足率：Capital requirement；A 为资产质量：Asset quality；M 为管理能力：Management；E 为盈利能力：Earnings；L 为资产的流动性：Liquidity），其中，资本充足率通常可根据两个评级机构 A. M. Best 和标准普尔的风险分类方法及其资本充足率指标进行度量。市场分析一般可根据银行利率、银行债务（如大额存单、同业存款、次级债务、

---

① Adler and Joe, A. , FDIC's premium revamp seen costing big banks ［J］. *American Banker*, 2006, 171 (135), pp. 4 – 6.

债券等）的收益率或其他财务指标得到。评级分析可采用诸如穆迪公司和标准普尔公司等评级机构的信用评级结果。

在上述基本方法的基础上，银行违约风险的度量模型也取得了较好的成果。传统的度量违约风险的方法包括多元统计分析法、Z 评分模型（Z Score Model）以及神经网络分析法等。多元统计分析法的基本思想是根据历史数据建立数学模型，以对未来发生某种事件的可能性进行预测[1]，具体方法包括 Probit 法、线性概率模型（the Linear Probability Model）、判别分析法（the Model of Discriminant Analysis，MDA）和 Logit 法[2][3]等；Z 评分模型是由奥尔特曼（Altman，1968）[4]采用判别分析法建立的，在对该模型修正的基础上，奥尔特曼等（1977）[5]增加了解释变量的个数，又建立了 ZETA 信用风险模型；神经网络信用评分模型的代表性研究包括 Desai、Crook 和 Overstreet（1996）[6]，Odom 和 Shard（1990）。[7] 这些方法均取得了较好的实证效果。Melek Acar Boyacioglu 等（2009）[8] 选取包括资本充足度、运营能力、收益能力六大类共 20 种财务指标，综合使用神经网络、支持向量机和多元统计方法，以土耳其银行业为样本，预测银行发生财务危

---

① 方洪全、曾勇：《银行信用风险评估方法实证研究及比较分析》，《金融研究》2004 年第 1 期。

② Press, S. J. and Wilson, S., Choosing between logistic regression and discriminant analysis [J]. *America Statistics Association*, 1978, 73, pp. 699 – 705.

③ Sjur, W. and Wijst, N., Default probabilities in a corporate bank portfolio: A logistic model approach [J]. *European Journal of Operational Research*, 2001, 135, pp. 338 – 349.

④ Altman, E. I., Financial ratios discriminant analysis and the prediction of corporate bankruptcy [J]. *Journal of Finance*, 1968, 23, pp. 589 – 609.

⑤ Altman, E. I., Haldeman, R. G. and Narayanan, P., ZET Aanalysis: A new model to identify bankruptcy risk of corporations [J]. *Journal of Banking and Finance*, 1977, 1, pp. 29 – 54.

⑥ Desai, V. S., Crook, J. N. and Overstreet, G. A., A comparison of neural networks and linear scoring models in the credit union environment [J]. *European Journal of Operational Research*, 1996, 95, pp. 24 – 37.

⑦ Odom, M. D. and Shard, R. A., Neural network for bankruptcy prediction. International Joint Conference on Neural Network [C]. New York: New York University Press, 1990, pp. 163 – 168.

⑧ Melek Acar Boyacioglu, Acharya, V. V., Santos, J. A. C. and Yorulmazer, T., Systemic Risk and Deposit Insurance Premiums [R]. Working paper, 2009.

机的可能性。

更进一步地，银行面临违约概率的度量模型也取得了一系列成果。较早出现的银行违约概率度量模型包括默顿模型和 KMV 模型（1974）[①]，这两个模型将企业资产价值在股东和债权人之间进行分配，运用期权定价方法来估计固定收益类证券的违约风险利差。但是，运用这两种模型估计银行的违约概率，需掌握资本市场中资产价格等的相关信息，因此，与默顿的存款保险期权定价模型相似，具有一定的局限性。

针对银行资产价值相关数据不易获得的问题，部分学者开发了基于市场信息的简约模型来估计银行的违约概率。市场信息包括：公司信用等级变动、债券信用利差等。代表性研究包括：贾罗和特恩布尔（Jarrow and Turnbull，1995）[②] 通过固定违约损失（LGD）及具有指数分布的违约时间等假设，提出第一个简约化模型，"假设违约事件的概率分布遵循泊松过程，并假设无风险利率与违约损失互相独立，但其违约强度为定值的假设与实际不符，违约强度随时间的变化而不同才是合理的"。[③][④] 基于此，贾罗、兰多和特恩布尔（Jarrow，Lando and Turnbull，1997）[⑤] 将违约强度过程的假设拓展为有限状态的马尔可夫过程，并假设无风险利率与违约时间相互独立；兰多（1998）[⑥] 发展了违约强度的概念，将其视为随机变量，用带有连续时变随机强度的考克斯（Cox）过程描述违约次数，违约时间由考克斯过程发生

[①] Merton, Robert C., On the pricing of corporate debt: The Risk Structure of Interest Rates [J]. *The Journal of Finance*, 1974, 29（2）, pp. 449 – 470.

[②] Jarrow, R. A. and Turnbull, S. M., Pricing derivatives on financial securities subject to credit risk [J]. *The Journal of Finance*, 1995, 50（1）, pp. 53 – 85.

[③] Jarrow, R. and Turnbull, S., Pricing derivatives of financial securities subject to credit risk [J]. *Journal of Finance*, 1995,（50）, pp. 53 – 85.

[④] 顾远：《违约风险评估模型及其实证研究》，《安徽工业大学学报》（社会科学版）2006 年第 6 期。

[⑤] Jarrow, R. A., Lando, D. and Turnbull, S. M., A markov model for the term structure of credit risk spreads [J]. *The Review of Financial Studies*, 1997, 10（2）, pp. 481 – 523.

[⑥] Lando, D., On cox processes and credit risky securities [J]. *Review of Derivatives Research*, 1998, 2（2 – 3）, pp. 99 – 120.

第一次跳跃的时间计量。在此之后，Kau、Keenan 和 Smurov（2006）[1]发展了传统的比例危险模型，"假设基线函数服从一个随机过程"，从而区别于传统危险比例模型中的确定路径假设，建立了一个更易实施的简约化模型。

新兴的违约概率度量方法主要还有 JP 摩根的 Credit Metrics 方法和"Credit Risk +"方法。前者是一种基于信用等级变化而估计银行违约概率的方法，认为投资组合的价值计算应基于公司信用等级变动的概率数据[2]；后者假设给定期间内违约次数服从泊松分布，进而使用保险精算的方法估计违约概率。

在大量的关于银行预期违约概率研究的基础上，近年来，基于预期损失的存款保险定价研究取得了一定的发展。Darrell Duffie 等（2003）[3]代表性地将银行对存款人的违约看作由随机强度过程决定的随机事件，并利用美国银行业数据实证分析存款的违约强度，结合银行存款的可能损失，在风险中性测度下计算银行存款保险的费率水平。Andrea Sironi 等（2004）[4]利用意大利 15 家主要上市银行的资产负债表和市场信息，应用信用风险 VaR 模型估计存款保险机构面临的赔付责任，研究结果发现，各样本银行的费率水平具有显著差别。Ting – Fang Chiang 等（2007）[5]基于预期损失定价法，给出了既可使存款保险公司收支平衡，又可使社会福利最大化的存款保险费率厘定方法。Viral V. Acharya 等（2009）[6]认为："存款保险费率的确定应

① Kau, J. B., Keenan, D. C. and Smurov, A. A., Reduced – form mortgage valuation [R]. Working Paper, 2006.

② 程鹏、吴冲锋、李为冰：《信用风险度量和管理方法研究》，《管理工程学报》2002年第 1 期。

③ Duffie, D., Jarrow, R. and Purnanandam, A. et al., Market pricing of deposit insurance [J]. *Journal of Financial Services Research*, 2003, 24（2 – 3）, pp. 93 – 119.

④ Sironi, A. and Zazzara, C., Applying credit risk models to deposit insurance pricing：Empirical evidence from the Italian banking system [J]. *Journal of International Banking Regulation*, 2004, 6（1）, pp. 10 – 32.

⑤ Chiang, F. T. and Wu, E. C., Premium Setting and Bank Behavior in a Voluntary Deposit Insurance Scheme [J]. *Review of Quantitative Finance and Accounting*, 2007, 29, pp. 205 – 222.

⑥ Acharya, V. V., Santes, J. A. C., Yorul, Mqzer T., Svstemic, Risk and Deposit, Insurance Permiams [R]. Norkrng Porper, 2009.

考虑系统风险对各银行预期损失的影响，而影响系统风险的主要因素包括各银行规模、银行收益的相关性以及银行内部的连通性等。"斯托姆（Staum，2012）[1] 考虑了银行破产对系统风险的贡献，将银行破产预期损失扩展为个体损失和系统损失两部分，进而以总损失的预期现值计算各银行对应的存款保险费率。

（二）国内对银行存款保险定价的研究进展

虽然国内学者对存款保险定价的研究起步较晚，但也取得了可喜的成绩。主要研究可概括为以下三个方面：

1. 对发达国家存款保险制度的研读与消化

相关研究包括：沈福喜等（2002）[2]、罗滢（2005）[3]、苏宁（2007）等概括了影响存款保险定价的因素，对存款保险制度的历史、监管的理论基础、制度设计的基本框架及中国建立存款保险制度的选择等，提出了十分有益的建议；张正平等（2006）[4] 相对比较全面地梳理了近年研究。

2. 利用我国数据构建模型并进行实证研究

相关研究包括：魏志宏（2004）[5] 基于默顿的期权定价模型及预期损失定价方法的思想，应用信用评级分析方法来设计我国的存款保险定价体系；孙杨（2005）[6] 运用期权定价模型计算了我国五家上市银行的存款保险费率，测算结果显示，这些上市银行的存款保险费率在 0.39‰—7.49‰；张亚涛（2003）[7]、罗滢（2006）[8] 基于我国商

① Staum, J. C., Systemic risk Components and Deposit Insurance Premia, *Quantitative Finance*, 2012, 12 (4), pp. 651 – 662.

② 沈福喜、高阳、林旭东：《国外存款保险费率的借鉴与统计研究》，《统计研究》2002 年第 2 期。

③ 罗滢：《存款保险：理论与实践》，社会科学文献出版社 2005 年版。

④ 张正平、何广文：《存款保险定价理论研究的新进展》，《经济评论》2006 年第 2 期。

⑤ 魏志宏：《中国存款保险定价研究》，《金融研究》2004 年第 5 期。

⑥ 孙杨：《商业银行道德风险与存款保险定价研究》，《产业经济研究》2005 年第 5 期。

⑦ 张亚涛：《存款保险定价模型之探究》，《国际金融研究》2003 年第 11 期。

⑧ 罗滢：《存款保险的定价研究》，《金融与经济》2006 年第 3 期。

业银行数据，对于存款保险定价模型进行介绍及实证分析。

3. 对我国存款保险制度的设计与构想

张金宝、任若恩（2007）[1][2][3] 运用预期损失定价法，分析了商业银行资本配置状况与存款保险费率之间的关系，提出了基于商业银行资本配置的存款保险定价方法；并以默顿期权定价模型为基础，分别定量分析了银行债务清偿结构和未保险存款利率对存款保险费率的影响。朱波、黄曼（2008）[4] 考虑了监管宽容策略，采用罗恩—弗马（1986）模型来估算上市银行的存款保险费率，并针对我国多数银行未上市的事实，提出"市场对照"法，"利用上市银行的数据估计非上市银行的相关参数，进而利用罗恩—弗马模型估计非上市银行的存款保险费率"。李金迎、詹原瑞（2010）[5] 利用上市银行的股权价格估计存款保险费率，给出了基于随机赔偿的存款保险二叉树定价模型。李金迎、詹原瑞（2010）[6] 针对我国商业银行资产绝大部分为信贷资产的实际情况，通过计算贷款企业的资产价值，并利用期权定价公式得到银行信贷资产的价值，进而分析得出基于信用风险的存款保险定价模型。林略、展雷艳（2010）[7] 将监管宽容和未保险存款利率两个参数引入看跌期权模型，通过估算认为，中国不适合采用单一费率，而宜采用风险调整费率。刘海龙、杨继光（2011）[8] 从银行资本

---

① 张金宝、任若恩：《未保险存款的利率对存款保险定价的影响》，《系统工程》2007年第 4 期。

② 张金宝、任若恩：《基于商业银行资本配置的存款保险定价方法研究》，《金融研究》2007 年第 1 期。

③ 张金宝、任若恩：《银行债务的清偿结构与存款保险定价》，《金融研究》2007 年第 6 期。

④ 朱波、黄曼：《监管宽容下的存款保险定价应用研究》，《南方经济》2008 年第 12 期。

⑤ 李金迎、詹原瑞：《信用风险与存款保险定价：方法与实证》，《西北农林科技大学学报》（社会科学版）2010 年第 1 期。

⑥ 同上。

⑦ 林略、展雷艳：《基于 Merton 模型的存款保险定价研究》，《技术经济》2010 年第 3 期。

⑧ 刘海龙、杨继光：《基于银行监管资本的存款保险定价研究》，《管理科学学报》2011 年第 3 期。

充足程度和银行比例投保的角度出发，运用预期损失定价原理和极大似然估计法，剔除了基于银行监管资本的存款保险定价模型。孙晓琳、秦学志等（2011）考虑了存款保险公司对存款性机构的监管宽容与资金救济因素，并且将救助资金作为存款性机构的或有债务纳入到保费中，构建了监管宽容下资本展期的存款保险定价模型。

二 存款保险正负效应的研究进展

近年来，越来越多的学者更加全面地分析存款保险制度在金融系统中所起的作用。国外学者的相关研究主要分为两个角度：

（一）存款保险制度促进金融业稳健经营的效应分析

存款保险稳定效应的研究内容主要包括存款保险制度提升存款人信心的效应分析、存款保险制度抑制风险传导及减少危机成本等的效应分析。普雷安和斯蒂克顿（Prean and Stix，2011）① 研究金融危机期间增加存款保险保障范围对微观经济产生的影响，认为"在转型国家存款保险制度能够有效提高个人对存款安全和本国货币的信心"。Angkinand（2009）② 研究存款保险能否降低银行危机带来的输出成本，发现存款保险保障范围较高的国家，具有相对较低的银行危机成本。Iyer 和 Puri（2008）③ 采用传染病学模型，研究银行挤兑问题，认为"存款保险能在有限程度上抑制挤兑现象"。

（二）存款保险制度导致的市场扭曲效应分析

随着金融危机的爆发和扩散，存款保险制度的局限性逐渐凸显，越来越多的学者关注存款保险制度导致的市场扭曲效应，研究内容主要包括存款保险制度对银行产生风险激励效应的分析、存款保险制度影响市场竞争机制的效应分析以及费率顺周期特征的效应分析。

由于研究样本和研究方法的不同，存款保险制度对银行风险激励

---

① Prean, N. and Stix, H., The Effect of Raising Deposit Insurance Coverage in Times of Financial Crisis – Evidence from Croatian Microdata [J]. *Economic Systems*, 2011, 35, pp. 496 –511.

② Angkinand, A., Banking regulation and the output cost of banking crises [J]. *Journal of International Financial Markets, Institutions and Money*, 2009, 19, pp. 240 – 257.

③ Iyer, R. and Puri, M., Understanding Bank runs: the Importance of Depositor – Bank Relationships and Networks [R]. Cambridge: NBER Working Paper 14280, 2008.

效应的研究结论并不一致，包括：Mbarek 和 Hmaied（2011）[①] 认为，"单期期权定价模型会低估存款保险保费，导致短期内银行可能出现风险转移行为"，在默顿多期模型（1978）下实证分析突尼斯存款保险制度，分析结果并不支持存款保险对样本银行产生风险激励效应；Angkinand 和 Wihlborg（2010）[②] 实证分析了存款保险承保范围与银行风险追逐行为之间的关系，认为部分国家或地区银行道德风险行为与存款保险覆盖范围之间存在 U 形关系，即存款保险对银行产生的风险激励效应存在先减后增的趋势；Forssbaeck（2011）[③] 认为，存款保险对银行产生的风险激励效应根源于债权人和股东的利益冲突，存款保险制度减弱了债权人监管力度进而产生了风险激励效应，而银行股东控制程度与存款保险的风险激励效应存在 U 形关系；Guizani 和 Watanabe（2010）[④] 认为，对风险不敏感的存款保险保费使银行有动机将风险转移至保险机构，进而产生风险激励效应，而金融危机期间无限存款保险责任恶化了这种效应，实施审慎监管会抑制存款保险的风险激励效应，但其作用存在时滞。

关于存款保险制度影响市场竞争机制的效应分析包括：Ioannidou 和 Penas（2010）[⑤] 实证分析了存款保险制度实施前后银行信贷行为的变化，认为"存款保险增加了银行承担风险追求利润的动机，规模不同的银行间风险追逐行为的差别被弱化"；迪龙加和桑德斯

① Mbarek, L. and Hmaied, D. M., Deposit Insurance and Bank Risk – shifting Incentives: Evidence from the Tunisian Banking System [J]. *Journal of Money, Investment & Banking*, 2011, 20, pp. 41 –53.

② Angkinand, A. and Wihlborg, C., Deposit insurance coverage, ownership, and banks' risk – taking in emerging markets [J]. *Journal of International Money and Finance*, 2010, 29, pp. 252 –274.

③ Forssbaeck, J., Ownership structure, market discipline, and banks' risk – taking incentives under deposit insurance [J]. *Journal of Banking & Finance*, 2011, 35, pp. 2666 –2678.

④ Guizani, B. and Watanabe, W., The Deposit Insurance and the Risk – Shifting Incentive Evidence from the Blanket Deposit Insurance in Japan [A]. Keio/Kyoto Joint Global COE Discussion Paper Series [C]. Keio/Kyoto Joint Global COE Program, 2010 –004.

⑤ Ioannidou, V. P. and Penas, M. F., Deposit Insurance and Bank Risk – Taking: Evidence from Internal Loan Ratings [J]. *Journal of Financial Intermediation*, 2010, 19 (1), pp. 95 –115.

（2011）实证分析了美国 1933 年存款保险制度对各银行产生的影响，"总体来看，固定费率存款保险使银行愿意承担更多风险，而市场区分优劣银行的机制被明显弱化"；Chernykh 和 Cole （2011）[①] 实证分析了存款保险对金融系统的多重效应，发现："存款保险能有效提高金融系统效率，尤其对地区银行或小银行作用显著，同时会弱化国有银行和私有银行之间的差别。"

另外，存款保险风险费率的顺周期特征可能对金融系统产生扭曲效应，代表研究包括 Pennacchi （1999）[②]，他的研究表明："在经济衰退期，银行不得不更少地吸收存款以缓解存款保险保费支付的压力，而这在经济下行期将造成银行进一步的信贷紧缩，进而使经济产生更大的衰退。"

国内学者在这一角度的研究包括钱小安（2004）[③]、付强等（2004）[④]、刘鑫等（2008）[⑤]，对基于风险调整的存款保险定价与道德风险抑制之间的关系展开了讨论，但相关研究侧重于理论分析和政策建议。孙杨（2005）考虑道德风险对存款保险费率的影响，计算出相应的存款保险费率范围。冯伟和曹元涛（2008）[⑥] 给出了显性存款保险制度下基于银行自身风险的最优存款保险覆盖范围的理论推导，但缺少符合我国国情的实证分析。

---

① Chernykh, L. and Cole, R. A., Does deposit insurance improve financial intermediation? Evidence from the Russian experiment ［J］. *Journal of Banking & Finance*, 2011, 35, pp. 388 - 402.

② Pennacchi, George G., The Effects of Setting Deposit Insurance Premiums to Target Insurance Fund Reserves ［J］. *Journal of Financial Services Research*, 1999, 16 (2/3), pp. 153 - 180.

③ 钱小安：《存款保险的道德风险、约束条件与制度设计》，《金融研究》2004 年第 8 期。

④ 付强、涂燕、岑永：《基于风险的存款保险定价能解决道德风险吗》，《西南民族大学学报》（人文社会科学版）2004 年第 3 期。

⑤ 刘鑫、丁卓武：《存款保险定价、额度与银行业道德风险分析》，《数学理论与应用》2008 年第 1 期。

⑥ 冯伟、曹元涛：《挤兑风险与道德风险的权衡：显性存款保险制度下最优保险范围的制定》，《经济与管理研究》2008 年第 2 期。

三　存款保险逆周期费率的研究进展

尽管存款保险费率的顺周期特征可能对金融系统产生较强的负面效应，但国内外学者关于如何解决或减弱这种效应的研究却并不多。康斯塔斯（Konstas，1992）[①]和谢弗（Shaffer，1997）[②]着眼于减弱存款保险费率的波动性，并依据银行破产的历史损失记录，计算了一种跨期的移动平均保费。Pennacchi（2006）[③]沿用了跨期移动平均存款保险模型，但认为"费率厘定的依据不应局限在银行的历史损失记录，而应该关注各银行未来损失的期望现值。"相对于单期存款保险费率，以上两种跨期移动平均的存款保险费率能够在保险年限内保持平稳，但模型未考虑保险期间经济波动因素的影响，因此，对费率顺周期效应的抑制程度有限。Jarrow 等（2006）[④]考虑了经济波动因素的影响，在离散时间框架下，从存款保险总准备金的角度，设计了具有逆周期特点的存款保险总保费确定方式。李钢、赵武和曾勇（2010）[⑤]将这种总保费确定模型扩展到连续时间框架下，并推导得到合理总保费的上下限，利用拉普拉斯变换求解并给出具体的算例阐述结果。

四　相关研究的主要不足

国外存款保险定价方法、效应分析和逆周期费率的研究均取得了重要进展和宝贵经验，国内相关研究也取得了可喜的进步，为构建适宜我国国情的存款制度奠定了基础。当前研究仍存在诸多不足：

（1）当前对存款保险促进银行业稳健发展的正面效应和导致市场

---

① Konstas, Panos, The Bank Insurance Fund: Trends, Initiatives, and the Road Ahead [J]. *FDIC Banking Review*, 1992, 5 (2) (Fall/Winter).

② Shaffer, Sherrill, Deposit Insurance Pricing: The Hidden Burden of Premium Rate Volatility [J]. *Cato Journal*, 1997, 17 (1) (Spring/Summer).

③ Georg G. Pennacchi, Risk – Based Capital Standards, Deposit Insurance, and Procyclicality [J]. *Journal of Financial Intermediation*, 2006, 14 (4), pp. 432 – 465.

④ Jarrow, R., Madan, D. and Haluk, U., Designing Countercyclical and Risk Based Aggregate Deposit Insurance Premia. Working Paper, 2006, Available at: http://ssrn.com/abstract =964481.

⑤ 李钢、赵武、曾勇：《去周期影响的存款保险费率定价研究》，《金融研究》2010 年第 7 期。

扭曲的负面效应的研究多注重单方面视角，且侧重于定性分析和基于实际财务指标、破产概率等的对比分析，缺乏对正负效应的定量模型刻画手段，进而尚未建立有效权衡存款保险正负效应的定价模型。

（2）传统的存款保险定价模型多构建在单期框架下，中长期范围内具有逆周期特点的存款保险定价模型的构建未见突破性进展。

（3）传统研究多从单一主体的角度确定存款保险费率，缺乏兼顾中央银行/监管部门、保险机构、银行和存款人等各方利益的存款保险定价方法。

第四节　研究内容与结构

一　研究内容

构建合理的存款保险费率厘定机制，影响着包括存款人、银行、保险机构和监管机构四方利益相关者，本书研究协调存款保险正负效应的逆周期式定价方法，基本目的是探讨能够兼顾各方利益的逆周期式存款保险费率厘定机制，从而在维持存款保险正面效应的基础上，适当抑制负面效应。

存款保险制度存在的各种维护金融业稳健经营和导致市场扭曲的正负效应既相互关联也相对复杂，进而如何使制度既具有逆周期特点又能协调各种正负效应的相关研究角度也多样，主要研究视角包括：

（1）存款保险对存款人行为的影响[①]；

（2）存款保险对单个银行产生的风险规避和风险激励效应[②]；

---

① Altunbas, Y. and Thornton, J., Deposit insurance and private capital inflows: Further evidence [J]. *Journal of International Financial Markets, Institutions & Money*, 2013, 27, pp. 243 – 247.

② Anginer, D. A., Demirguc, K. and Zhu, M., How does deposit insurance affect bank risk? Evidence from the recent crisis [R]. Working Paper, 2012, Available at: http: // dx. doi. org/10. 1596/1813 – 9450 – 6289.

（3）存款保险对银行系统产生的存款稳定效应①；

（4）存款保险对银行系统产生的风险传导抑制效应；

（5）存款保险对银行系统产生的"存款搬家"效应；

（6）存款保险对市场竞争机制的扭曲效应②；

（7）存款保险对政府财政支出的影响；

（8）存款保险费率周期效应的分析；

（9）比例承保、监管宽容及保费分期缴纳等灵活承保方法的设计；

（10）中、长期存款保险定价模型的构建；

（11）逆周期式存款保险定价方法的构建；

（12）协调各方主体利益的存款保险定价方法。

由于涉及问题较多，无法一一研究，针对现有研究的不足，并结合当前热点问题，本书将主要研究内容锁定在以下范围：

（1）度量存款保险制度对银行系统产生的存款稳定效应。构建了存款人异质信念下存款保险制度的存款稳定效应测算模型。首先，刻画了具有异质信念的资金持有者的决策模式及正常经济形势下投保前后银行系统存款规模的变化，以此度量正常经济形势下存款保险的存款稳定效应。其次，计算隐性存款保险制度和显性存款保险制度下极端事件发生后银行系统的存款流失率，以两者之差度量极端事件发生后显性存款保险制度的存款稳定效应。最后，为验证模型效果，对投保比例及其他各参数变化的若干情景进行了模拟分析。

（2）度量存款保险制度对银行系统危机期风险传导的抑制效应。包括对单个银行系统风险贡献度的度量、风险传导机制的刻画以及投保存款保险对系统总短缺风险的影响。基于分位数回归模型，以银行资产价值的预期短缺 ES 作为度量银行资产风险的指标，实证分析我

---

① Kiss, H. J., Rodriguez, I. and Garcia, A. R., On the effects of deposit insurance and observability on bank runs: An experimental study [J]. *Journal of Money, Credit and Banking*, 2012, 44, pp. 1651–1665.

② Quijano, M., Financial fragility, uninsured deposits, and the cost of debt [J]. *The North American Journal of Economics and Finance*, 2013, 24 (1), pp. 159–175.

国上市银行间的风险传导效应，并通过模拟分析计算购买存款保险前后银行间风险传导效应的变化，以此作为度量存款保险风险传导抑制效应的指标。最后，实证分析了 2012 年度我国上市银行间的风险传导效应。

（3）度量存款保险制度对单个银行产生的风险激励效应。基于存款保险的存款稳定效应分析结果，度量银行购买存款保险后增强抵御风险冲击的程度，进而在考虑期初保费支付的基础上，基于资产价值的跳—扩散模型，运用期权定价方法，推导购买不同比例存款保险后银行权益价值的条件期望现值。进一步地，运用前景理论推导银行购买存款保险前后权益前景值的变化。根据银行增加信贷投资风险的边界条件，即保持投保前后银行权益价值前景值不变，计算购买存款保险前后银行信贷资产波动率的变化。模拟分析了 2012 年度存款保险对 14 家上市银行的风险激励效应。

（4）构建跨期存款保险定价模型，给出逆周期式存款保险定价方法。将影响银行资产价值的风险因素分解为系统性风险因素和银行特定风险因素，从而在跨期条件下将表征系统性风险的宏观经济因素引入到存款保险费率厘定的模型中，进而得到了具有逆周期特点的存款保险费率厘定方法。通过实证和模拟分析，得到了我国 14 家上市银行 2008—2012 年跨期五年的存款保险费率，并就各年度费率均值和逆周期特点两个方面，与其他费率制定方法进行了比较，且对参数进行了敏感性分析。

（5）以逆周期式定价方法为基础，构建了以监管部门、存款保险公司和银行为局中人，以存款保险各种正负效应为约束条件的存款保险制度设计博弈模型。采用蒙特卡罗模拟的方法存款保险相关条款及费率对三方利益的影响，进而确定包括费率逆周期系数、投保比例上下限、监管部门承诺的再融资额度等一系列参数的合理取值，在维持存款保险基金收支平衡的基础上，使整个银行系统的短缺风险较小。

研究视角上，总体来看，本书基于监管部门的视角。对存款保险两种稳定效应的分析基于银行系统的层面；而对于存款保险对银行产生风险激励的负面效应，由于作用对象为个体银行，这部分内容首先基于单个银行的视角，进而将风险激励效应对各银行违约概率的影响纳入逆周期费率的计算框架，而逆周期费率厘定机制的构建是基于监管部门维护银行系统长期稳定的视角。

二 本书结构

本书研究分为两部分，第一部分研究存款保险制度产生的各种正负效应，包括存款保险制度对银行系统产生的存款稳定效应和风险传导抑制效应，以及存款保险对单个银行产生的风险激励效应；第二部分探讨权衡存款保险各种正负效应的逆周期式定价方法，包括基本逆周期费率的确定方法，以及协调多方主体利益的存款保险条款设计博弈模型。

本书分为八章，各章内容安排如下：

第一章绪论部分，阐述本书选题的背景及研究意义，进行相关研究的回顾，分析现有研究存在的不足。

第二章基础研究部分，为本书后续章节的研究打下了基础。理论基础重点对本书后续章节运用的行为金融理论进行介绍，实证基础部分运用 Duan 等（1994）提出的极大似然估计方法，根据我国上市银行股权价值的数据，估计了我国 14 家上市银行 2008—2012 年五年间银行资产价值的即时收益率和波动率，为后续章节的实证和模拟研究做好准备。

第三章在存款人异质信念的假设前提下，度量存款保险对银行系统产生的存款稳定效应。分别从正常经济形势和危机期两个角度，度量显性存款保险制度和隐性存款保险制度对我国银行系统产生的稳定效应，并对相关参数的变化做了模拟分析。

第四章基于分位数回归模型，度量存款保险对银行系统危机期风险传导的抑制效应。以银行资产价值的预期短缺 ES 作为度量银行资产风险的指标，刻画了银行系统的风险传导机制，度量单个银行系统风险贡献度以及投保后系统总风险的变化，并实证分析了我国上市银行间的风险传导效应。

第五章基于前景理论，度量存款保险对单个银行产生的风险激励效应。在存款保险稳定效应的研究基础上，度量购买存款保险后银行增强抵御风险冲击的程度；同时考虑期初保费支付，运用前景理论计算购买存款保险前后银行信贷资产波动率的变化。

第六章将影响银行资产价值的风险因素分解为系统性风险因素和银行特定风险因素，在跨期条件下将表征系统性风险的宏观经济因素引入到存款保险费率厘定的模型中，设计具有逆周期特点的存款保险费率厘定方法。通过实证和模拟分析，得到我国 14 家上市银行 2008—2012 年跨期五年的存款保险费率。

第七章以逆周期式费率（第六章）为基础，在维持存款保险稳定效应（第三章）、控制风险激励效应（第五章）的约束下，构建权衡存款人、银行、存款保险机构及监管机构利益的存款保险条款设计博弈模型，在维持存款保险基金收支平衡的基础上，模拟确定相关参数，使整个银行系统的短缺风险（第四章）较小。

第八章总结本书的研究结论和主要创新点，并对未来研究工作进行展望。

第二章　理论基础与实证准备

第一节　引言

本章为后续章节存款保险正负效应的度量，以及逆周期定价方法的研究打下了基础。本书第三章、第五章针对不同的问题运用了行为经济学中的相关理论，其中第三章考虑存款人对风险冲击影响的不同预期，运用了存款人异质信念的假设，第五章对存款保险风险激励效应的分析，运用了前景理论。因此，本章第二节、第三节分别对行为经济学中的异质信念理论以及前景理论进行介绍。另外，本书各章节实证和模拟部分均使用了我国上市银行资产收益率和波动率，本章第四节运用 Duan 等（1994）提出的"极大似然估计方法"，根据我国上市银行股权价值的数据，估计了我国所有 14 家上市银行 2008—2012 年五年间银行资产价值的即时收益率和波动率，为后续章节的实证和模拟研究做好准备。

第二节　异质信念理论

"传统的新古典金融理论假设所有投资者对于相同资产未来收益的概率分布具有相同的预期或判断，称为同质期望或同质信念。然而，这一假设需要满足以下两方面的条件：一是所有信息对所有投资者免费并且同时到达；二是所有投资者的信息处理方式相同。"（张圣平，2002）① 这两个条件在现实市场中很难得到满足。因此，投资者具有异质信念或意见分歧是一个更符合实际的假设。

一 异质信念的形成原因

"所谓投资者异质信念是指不同投资者对同一资产在相同持有期的收益分布具有不同的判断（张维和张永杰，2006）。"② "投资者之间异质信念产生的原因可能是多方面的"，综合 Hong 和 Stein（2007）③ 以及 Xiong（2012）④ 的研究，可将异质信念产生的原因总结为：渐进信息流、有限注意与过度自信以及异质先验。

渐进信息流，即信息在金融市场中是渐进流动的，受信息传播技术、投资者细分及专业分析水平等因素的影响，一部分投资者总是会先于其他投资者得到有关市场的信息，进而根据不同的信息流投资者对资产价格的预期就会产生异质信念。有限注意理论认为，投资者只能注意所有公开披露信息的某一子集，当不同投资者注意到不同的信息子集时，他们之间就会产生异质信念，而投资者中普遍存在的过度自信偏差也会进一步强化投资者之间产生的异质信念。异质先验认为，即使所有投资者同时面对相同的公开披露信息，并且都对信息足够关注，他们也会对信息引起的资产价值变动产生异质信念，原因在于投资者采用不同的模型对信息内容进行解释，理论研究也将其称为异质解释。

二 基于异质信念的资产定价模型

米勒（Miller，1977）⑤ 首次将投资者异质信念与市场上的卖空限制结合起来，对股票市场上的各种错误定价的形成机制进行解释。此

---

① 张圣平：《偏好、信念、信息与证券价格》，人民出版社 2002 年版。

② 张维、张永杰：《异质信念、卖空限制与风险资产价格》，《管理科学学报》2006 年第 4 期。

③ Hong, H. and Stein, J., Disagreement and the stock market [J]. *Journal of Economic Perspective*, 2007, 21, pp. 109 – 128.

④ Xiong, W., Bubbles, crisis, and heterogeneous beliefs [R]. Working Paper, Princeton University, 2012.

⑤ Miller, E. M., Risk, uncertainty and divergence of opinion [J]. *Journal of Finance*, 1977, 32 (4), pp. 1151 – 1168.

后，许多学者在米勒（1977）研究的基础上进行了扩展研究，并形成了相对完整的理论体系。这里对基本的静态异质信念资产定价模型进行简单介绍。

假设证券市场存在两种资产，一种是无风险债券，另一种是某家上市公司的普通股股票。该公司期初成立，发行 N 股普通股股票，公司的存续期为一年。这是一个标准的两期模型。如果投资者认为股票投资收益高于无风险债券，那么他将购入 1 股普通股股票。在公司投资收益不确定的情况下，潜在投资者对公司的股票收益存在异质信念，即不同投资者对股票收益存在不同的估计值。假设每个投资者只能购买 1 股股票，在存在卖空限制的条件下，最终结果是公司股票将被对股票估值最高的 N 个投资者所持有。图 2-1 中曲线 ABC 给出了投资者数量随股票价格估计值变化的累积分布，即每一价格水平上愿意持股的投资者数量，因此，曲线 ABC 实际上表示的是股票的需求曲线。股票的供给曲线是垂直于横轴的一条射线，与横轴的交点为N。最终股价 R 由供给曲线与需求曲线的交点决定，即将所有投资者按照其对股票价格的信念从高到低排序，第 N 个投资者对股票价格的信念 R 决定了最终的股票价格。只要一小部分潜在投资者能够完全吸收公司发行的股票，即股票供给相对于投资者数量来说很少，那么最终的股价就会高于所有潜在投资者对股票价格的平均估值，而投资者的平均估值水平才体现了股票的合理价值。这解释了新股在锁仓期内，相当于禁止卖空，且信息相对较少，投资者很容易形成异质信念，从而导致新股被高估。

由上述分析可知，投资者信念异质程度的上升会提高市场的出清价格。图 2-1 中曲线 FBJ 表示的是投资者信念异质程度上升后股票的需求曲线，此时的市场出清价格由 R 上升到 Q。相反，投资者信念异质程度下降时，股票需求曲线变为 DBE，市场出清价格由 R 下降到M。在极限情况下，曲线 ABC 转化为水平线 GBH，此时所有投资者才具有一致预期。

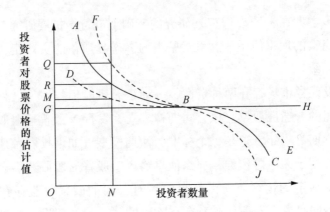

图 2-1　不同估值水平下投资者数量分布

资料来源：张维、张海峰、张永杰、熊熊：《基于前景理论的波动不对称性》，《系统工程理论与实践》2012 年第 3 期。

第三节　前景理论

前景理论是心理学和行为科学综合的研究成果，由 Kahneman 和 Tversky[①] 提出，通过修正期望效用理论发展而来。前景理论从行为人有限理性出发，向传统的期望效用理论发出挑战，自提出之日起，就受到了学术界的高度重视，被认为比期望效用理论更真实地反映行为人的决策过程。Kahneman 因前景理论而获得 2002 年诺贝尔经济学奖。

根据 Kahneman 的前景理论，行为人决策所依赖的前景值由价值函数 u(x) 与概率权重函数 W(P) 共同决定[②]，即：

$$V(x_1, P_1; \cdots, x_n, P_n) = \sum_i^n u(x_i) W(P_i)$$

其中，x_i（$i = 1, 2, \cdots, n$）为相对损益，P_i 是 x_i 发生的概率。

---

① Kahneman, D. and Tversky, A., Prospect theory: An analysis of decision under risk [J]. *Econometrica*, 1979, 47, pp. 263 – 291.

② Rieger, M. O. and Wang, M., Cumulative prospect theory and the St. Petersburg paradox [J]. *Economic Theory*, 2006, 28, pp. 665 – 679.

价值函数 u(x) 反映相对收益 x 给行为人带来的主观效用，具有以下特点：①确定效应，即行为人在收益区域表现为风险厌恶，对应价值函数为凹函数；②反射效应，即行为人在损失区域表现为风险追逐，对应价值函数为凸函数；③损失规避，即行为人对损失的敏感性高于收益；④参照依赖，即行为人对损益的评价依赖于实际价值与参照点的偏差。根据上述特征，价值函数可表示为①：

$$u(x) = \begin{cases} x^{\alpha}, & x \geq 0 \\ -\lambda(-x)^{\beta}, & x < 0 \end{cases} \tag{2.1}$$

式中，$\alpha > 0$ 为收益区域对应的风险规避系数，$\beta > 0$ 为损失区域对应的风险喜好系数，$\lambda > 1$ 为损失规避系数。图 2-2 为 $\alpha = 0.7$、$\gamma_2 = 0.8$、$\lambda = 1.5$ 时价值函数的形状。

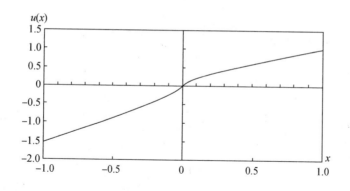

图 2-2　价值函数

概率权重函数反映行为人的主观概率②，实证研究发现行为人对客观概率的感知并不是线性的，通常会系统性地高估小概率事件而低估中高概率事件。普雷勒克（Prelec）③ 提出的概率权重函数为：$W(P) = \exp$

①　张维、张海峰、张永杰、熊熊：《基于前景理论的波动不对称性》，《系统工程理论与实践》2012 年第 3 期。

②　何大安：《理性选择向非理性选择转化的行为分析》，《经济研究》2005 年第 8 期。

③　Prelec, D. , The probability weighting function [J]. *Econometrica*, 1998, 66, pp. 497 – 527.

$[-(-\ln P)^{\gamma}]$，式中，P 为客观概率，γ 为曲率系数，反映主观概率对客观概率感知的非线性程度。图 2-3 为 $\gamma=0.8$ 时对应的概率权重函数。

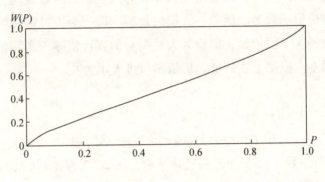

图 2-3 概率权重函数

第四节 我国银行资产收益率与波动率的估计

本节以及本书后续章节中的模拟和实证分析均以我国银行系统作为研究对象，考虑数据的可得性，选取了我国所有 14 家上市银行作为研究样本（见表 2-1），各银行基本数据（银行资产价值、负债价值、股本以及每日股价等）取自锐思数据库（北京聚源锐思数据科技有限公司开发）。本节运用 Duan 等（1994）提出的极大似然估计方法，对我国所有 14 家上市银行 2008—2012 年资产收益率与波动率进行估计，为后续章节的实证和模拟研究做好准备。

假设银行在一年内具有同样的资产收益率和波动率，将一年期限分为 n 段，V_i（$i=1, 2, \cdots, n$）代表第 i 个时段末银行的资产价值，由式（2.1）可知，银行在保险期限内资产价值满足：

$$\ln V_i \sim \Phi\left[\ln V_0 + (\mu - \sigma^2/2)\sum_{\tau=1}^{l} h_\tau, \sigma^2 \sum_{\tau=1}^{i} h_\tau\right]$$

式中，V_0 为年初银行资产价值，h_τ 为单个时段时长，$\sum_{\tau=1}^{i} h_\tau$ 为前 i 个

时段总时长,一般以年为单位,经推导可得:$E_i[\ln(V_i/V_{i-1})] = (\mu - \sigma^2/2)h_i$,$\mathrm{Var}_i[\ln(V_i/V_{i-1})] = \sigma^2 h_i$。

$\ln(V_i)$ 的似然函数为:

$$L_{\ln(V_i)}(\mu,\sigma) = -\frac{n}{2}\ln(2\pi) - \frac{n}{2}\ln(\sigma^2) - \frac{1}{2}\sum_{i=1}^{n}\ln(h_i) - \sum_{i=1}^{n}\frac{[\ln(V_i/V_{i-1}) - (\mu - \sigma^2/2)h_i]^2}{2\sigma^2 h_i}$$

$$(2.2)$$

由于每个时段末银行的资产价值 V_i 不可观测,需根据可观测的上市银行股权价值进行估计。[①] 设每时段末银行股权价值为 S_i,年末银行负债价值为 D,S_i 可看作是一份标的资产为 V_i,执行价格为 D 的欧式看涨期权的价值,S_i 与 V_i 满足:

$$S_i = V_i N(d_{1,i}) - De^{-r_f(1 - \sum_{\tau=1}^{i} h_\tau)} N(d_{2,i}) \qquad (2.3)$$

式中,r_f 为无风险利率,$d_{1,i} = [\ln(V_i/D) + (r_f + \sigma^2/2)(1 - \sum_{\tau=1}^{i} h_\tau)]/(\sigma\sqrt{1 - \sum_{\tau=1}^{i} h_\tau})$,$d_{2,i} = d_{1,i} - \sigma\sqrt{1 - \sum_{\tau=1}^{i} h_\tau}$,$N(.)$ 为标准正态分布的分布函数。

由式 (2.3) 得 $\partial S_i/\partial\ln(V_i) = V_i N(d_{1,i})$,由似然函数式 (2.2) 的雅克比变换得 S_i 的似然函数为:

$$L_{S_i}(\mu,\sigma) = L_{\ln(V_i)}[\hat{V}_i(\sigma);\mu,\sigma] - \sum_{i=1}^{n}\ln\{N[\hat{d}_{1,i}(\sigma)]\} - \sum_{i=1}^{n}\ln[\hat{V}_i(\sigma)]$$

$$(2.4)$$

式中,$\hat{d}_{1,i}(\sigma) = [\ln(\hat{V}_i(\sigma)/D) + (r_f + \sigma^2/2)(1 - \sum_{\tau=1}^{i} h_\tau)]/(\sigma\sqrt{1 - \sum_{\tau=1}^{i} h_\tau})$,$\hat{V}_i(\sigma)$ 是给定 σ 初始值,根据式(2.3)由 S_i 反算出的资产价值。[②]

计算步骤:

---

① Duan, J. C. and Simonato, J, G. , Maximum likelihood estimation of deposit insurance value with interest rate risk [J] . *Journal of Empirical Finance*, 2002, 9, pp. 109 – 132.

② 刘海龙、杨继光:《基于银行监管资本的存款保险定价研究》,《管理科学学报》2011 年第 3 期。

（1）对资产价值的波动率进行初始赋值 $\bar{\sigma}$，将 $\bar{\sigma}$ 代入式（2.3）得到 S_i 与 V_i 的关系式，根据可测得的 $S_i(i=1，2，\cdots，n)$，得到资产价值的估计值 $\hat{V}_i(\bar{\sigma})(i=1，2，\cdots，n)$；

（2）将 $\hat{V}_i(\bar{\sigma})(i=1，2，\cdots，n)$ 代入式（2.4），进行优化计算，得到第一个波动率的估计值 $\hat{\sigma}_1$ 和收益率的估计值 $\hat{\mu}_1$；

（3）再将 $\hat{\sigma}_1$ 作为波动率的初始值代入式2.3，重复上面过程直到 $\hat{\sigma}$ 和 $\hat{\mu}$ 收敛。Duan[①] 证明了上述估计的一致性和有效性。

由以上估计方法可知，资产收益率与波动率的估计需要三方面的数据：银行每个交易日的股权价值、每年年末的负债价值和每年的无风险利率。其中，每个交易日的股权价值等于总股本与当日收盘价的乘积；负债取各银行每年年末总负债的账面价值；无风险利率取自锐思数据库提供的每日无风险收益率折算成年利率的均值。具体测算结果见表2-1。

表 2-1　　　　2008—2012 年度各银行资产收益率和波动率

银行	资产收益率					
	2008 年	2009 年	2010 年	2011 年	2012 年	均值
平安银行	-0.083069	0.089490	-0.010157	0.026389	0.041122	0.012755
宁波银行	-0.257160	0.158390	-0.007779	-0.012321	0.038579	-0.016058
浦发银行	-0.080450	0.083851	0.011032	0.019096	0.035093	0.013724
华夏银行	-0.027027	0.040304	0.008221	0.046579	0.023469	0.018309
中国民生银行	-0.095022	0.079532	-0.008506	0.046579	0.047293	0.013975
招商银行	-0.180370	0.088082	-0.026818	0.017738	0.035493	-0.013175
南京银行	-0.153740	0.136420	-0.006840	0.017214	0.026655	0.003942
兴业银行	-0.133720	0.106210	-0.011703	0.027416	0.041140	0.005869
北京银行	-0.129030	0.123180	-0.044142	0.011732	0.048411	0.002030
交通银行	-0.149400	0.072813	-0.020150	0.019550	0.044004	-0.006637
中国工商银行	-0.109550	0.059430	-0.013300	0.026251	0.024885	-0.002460
中国建设银行	-0.134530	0.063682	-0.011004	0.023867	0.027737	-0.006050
中国银行	-0.095265	0.047467	-0.003396	0.018702	0.027177	-0.001063

---

① Duan, J. C., Maximum likehood estimation using price data of the derivative contract ［J］. *Mathematical Finance*, 1994, 4 (2), pp. 155 – 167.

续表

银行	资产收益率					
	2008 年	2009 年	2010 年	2011 年	2012 年	均值
中信银行	− 0. 155950	0. 099864	− 0. 035459	0. 020379	0. 030893	− 0. 008055
平安银行	0. 073795	0. 050241	0. 031797	0. 013883	0. 012117	0. 036367
宁波银行	0. 145690	0. 076639	0. 056053	0. 034885	0. 022698	0. 067193
浦发银行	0. 089110	0. 049263	0. 041783	0. 030677	0. 012192	0. 044605
华夏银行	0. 053234	0. 028881	0. 022714	0. 034326	0. 011955	0. 030222
中国民生银行	0. 070462	0. 039959	0. 022552	0. 034326	0. 014708	0. 036401
招商银行	0. 126900	0. 072774	0. 039374	0. 024323	0. 016896	0. 056053
南京银行	0. 122870	0. 080004	0. 062557	0. 027530	0. 019614	0. 062515
兴业银行	0. 097126	0. 055498	0. 038303	0. 057089	0. 012096	0. 052022
北京银行	0. 102360	0. 073716	0. 043546	0. 017244	0. 026369	0. 052647
交通银行	0. 077819	0. 050115	0. 028266	0. 015598	0. 015291	0. 037418
中国工商银行	0. 074880	0. 037671	0. 029415	0. 015996	0. 012432	0. 034079
中国建设银行	0. 082896	0. 043846	0. 027293	0. 016344	0. 012988	0. 036673
中国银行	0. 061763	0. 035496	0. 019569	0. 011486	0. 009303	0. 027523
中信银行	0. 099498	0. 052283	0. 045044	0. 024205	0. 014638	0. 047134

第三章　异质信念下存款保险的
存款稳定效应测算

第一节　引言

　　存款保险制度作为维护金融业稳健经营、保护存款人利益的一种手段，在欧美等发达国家早已实施多年，我国对于存款保险制度的计划与准备虽已持续了十余年，但迄今为止，我国仍实行隐性存款保险制度，即若金融机构破产，中央银行和地方政府将负责偿还存款人存款。这种模式不仅给各级财政带来数万亿元的负担，而且也会对金融系统的存款稳定性带来隐患。正常经济形势下，当存款人对一国政府保障其利益的程度具有较强信心时，隐性存款保险制度类似于显性存款保险制度，能够在一定程度上增强存款人信心，从而使金融系统吸引足够的存款。当极端经济事件发生的情况下，由于存款人利益有明确的保障，显性存款保险制度能够在一定程度上抑制挤兑现象①，而隐性存款保险制度在应对极端经济事件时，表现出更多的不确定性，如存款保障程度和责任主体的不明晰，因此一旦存款人产生恐慌情绪，大量存款将可能流出银行系统，从而使金融系统陷入更大的危机。历史上，美国（Countrywide Bank，IndyMac Bank）、英国（North-

---

① End, W. A. and Tabbae, M. , When liquidity risk becomes a systemic issue: Empirical evidence of bank behaviour [J] . *Journal of Financial Stability*, 2012, 8 (2), pp. 107 – 120.

ern Rock Bank）及其他国家的多家银行都曾经历过显著的存款流失现象[1]，期间存款保险制度在一系列重要危机处置计划中发挥了积极作用。

关于银行系统存款流失现象的原因主要有两种观点：一部分学者认为，存款人预期的自我实现性导致了大量存款集中流出银行系统的现象（Postlewaite et al. [2]，1987；Goldstein et al. [3]，2005；Rochet et al. [4]，2005），即当存款人觉察到其他存款人开始将资金取出银行，会产生焦虑情绪，进而采取同样的取款行为，因此，众多存款人悲观预期本身就会造成银行的挤兑现象。另一部分学者认为，银行存款的流失现象源于存款人处于信息不对称的弱势地位（Jacklin et al. [5]，1988；Chen[6]，1999；Calomiris et al. [7]，1991），由于存款人不了解银行系统的真实运营状况，一旦得到关于银行基本面的负面消息，存款人便会质疑银行系统的偿付能力，进而将资金转移出银行系统。从上述文献中不难看出，研究银行系统的存款稳定性，存款人信心是需要被关注的重要因素。存款保险制度在提升存款人信心、维护银行系统存款稳定方面起到了积极作用。Iyer 和 Puri[8]（2008）使用实时更新的存款人提款数据，采用传染病学模型，研究银行挤兑问题，认为存

---

[1]　Iyer, R. and Puri, M. , Understanding bank runs: The importance of depositor – bank relationships and networks [R] . Cambridge: NBER Working Paper 14280, 2008.

[2]　Postlewaite, Andrew, Xavier Vives, Bank Runs as an Equilibrium Phenomenon [J] . *Journal of Political Economy*, 1987, 95, pp. 485 – 491.

[3]　Goldstein, Pauzner A. , Demand Deposit Contracts and the Probability of Bank Runs [J] . *Journal of Finance* 2005, 60, pp. 1293 – 1327.

[4]　Rochet, Charles J. and Vives, X. , Coordination Failure and the Lender of Last Resort [J]. *Journal of European Economic Association*, 2005, 2, pp. 1116 – 1147.

[5]　Jacklin, Charles, Bhattacharya, S. , Distinguishing Panics and Information – Based Bank Runs: Welfare and Policy Implications [J] . *Journal of Political Economy*, 1988, 96, pp. 568 – 592.

[6]　Chen, Yehning, Banking Panics: The Role of the First – Come, First – Served Rule and Information Externalities [J] . *Journal of Political Economy*, 1999, 107, pp. 946 – 968.

[7]　Calomiris, Charles and Kahn, C. , The Role of Demandable Debt in Structuring Optimal Banking Arrangements [J] . *American Economic Review*, 1991, 81, pp. 497 – 513.

[8]　Iyer, R. and Puri, M. , Understanding bank runs: The importance of depositor – bank relationships and networks [R] . Cambridge: NBER Working Paper 14280, 2008.

款保险能够在一定程度上抑制挤兑现象。Prean 和 Stix① （2011）研究
了金融危机期间增加存款保险保障范围对微观经济产生的，认为在转
型国家存款保险制度能够有效提高个人对存款安全和本国货币的信
心。Angkinand（2009）研究存款保险能否降低银行危机带来的成本，
发现存款保险保障范围较高的国家，具有相对较低的银行危机成本。
目前，国外学者对存款保险稳定效应的研究从方法上来看多是实证分
析，而由于我国尚未实行存款保险制度，国内相关研究多停留在理论
探讨层面，缺少有效的建模和度量手段。

从存款人信念的角度研究存款保险制度的稳定效应，不可避免地
要分析作为市场主体的存款人的行为模式，越来越多的实证证据表
明，传统的新古典金融理论并不能正确地反映投资者的实际决策行为
和市场运行状况。② 正如米勒③所言，未来是不确定和难以预测的，
假设所有人对资产价值有相同估计就不合情理，不确定性意味着不同
的人有不同估计才是合理的，这种不同估计称为观点分歧，又称异质
信念，从而将异质信念引入金融学研究。④⑤ 金融系统中数以亿元计
的资金持有者对未来不确定经济环境下银行系统的运行状况，进而对
其存款的期望效用存在认识上的差异，因此，在存款人异质信念前提
下研究存款保险的稳定效应是合理的。

本章结合我国隐性存款保险制度的现状，以存款人存在异质信念
为前提，测算正常经济形势下存款保险制度的存款稳定效用，以及极
端事件发生后显性存款保险制度和隐性存款保险制度下银行系统的存
款流失率，进而测算显性存款保险制度相对于隐性存款保险制度在极

---

① Prean, N., Stix, H., The effect of raising deposit insurance coverage in times of financial crisis – Evidence from Creation microdata [J]. *Economic Systems*, 2011, 35, pp. 496 –511.

② 龚朴、陈睿：《投资者异质信念下可转换债券赎回策略》，《系统工程理论与实践》2012 年第 3 期。

③ Miller, E. M., Risk, uncertainty and divergence of opinion [J]. *Journal of Finance*, 1977, 32（4），pp. 1151 –1168.

④ 马健、刘志新、张力健：《异质信念、融资决策与投资收益》，《管理科学学报》2013 年第 1 期。

⑤ 陆静、曹国华、唐小我：《基于异质信念和卖空限制的分割市场股票定价》，《管理科学学报》2011 年第 1 期。

端事件发生情况下的存款稳定效应。

第二节　存款稳定效应测算模型

一　模型假设

本章从总量意义上研究存款保险的存款稳定效应，即研究不同经济环境下总存款流出银行系统的程度与存款保险投保比例的关系，因此将整个银行系统作为一家银行进行研究。参考存款保险相关研究及行为金融学的若干模型，为了降低模型推导的复杂性，本章提出下述简化银行资产/负债价值、市场条件和资金持有者行为的假设：

假设 1：银行总资产价值服从含有跳扩散过程的几何布朗运动[1][2][3]，即：

$$dV(t)/V(t) = \mu dt + \sigma dw(t) + (\bar{\kappa} - 1) dQ(t, \lambda) \qquad (3.1)$$

式中，μ 为正常经济形势下银行资产的即时收益率，σ 为即时收益率的波动率，$w(t)$ 为布朗运动，$Q(t, \lambda)$ 是强度为 λ 的泊松过程，$dQ(t, \lambda)$ 代表极端经济事件引起的收益率跳变，假设每次极端事件引起的跳对银行资产价值的影响程度相同，用 $\bar{\kappa} - 1$ 来衡量，$\bar{\kappa} > 0$ 以保证资产价值非负。

假设 2：银行负债全部来源于存款，银行为其存款购买存款保险，投保比例为 β，保险期限与存款期限相同，为 0 – T 时期。

假设 3：市场上仅有一种无风险资产作为银行存款的替代投资渠道，T 年期存款利率为 r_d，T 年期无风利率为 r_f。

假设 4：市场上共有 M 个资金持有者，所有资金持有者在期

① Duan, J. C., Maximum likelihood estimation using price data of the derivative contract [J]. *Mathematical Finance*, 1994, 4 (2), pp. 155 – 167.

② George G. Pennacchi, Bank deposit insurance and business cycles: Controlling the volatility of risk – based premiums [C]. Conference Series, Federal Reserve Bank of Boston, 2002.

③ Mbarek, L. and Hmaied, D. M., Deposit Insurance and Bank Risk – shifting Incentives: Evidence from the Tunisian Banking System [J]. *Journal of Money, Investment & Banking*, 2011, 20, pp. 41 – 53.

初——0 时刻持有相同数量的资金 C，并选择将全部资金 C 投资于无风险资产或者银行存款，在 T 时刻变现。

假设 5：资金持有者具有相同的幂函数型效用函数 $U(x) = x^\rho(0 < \rho < 1)$，资金持有者对于极端经济事件影响银行资产价值的程度存在意见分歧，且所有资金持有者对极端事件影响参数 κ 的估计服从对数正态分布。[①]

根据行为金融理论的研究发现，同一时刻市场上不同资金持有者不仅拥有不同数量和质量的信息，而且在形成后验信念时也分别受到种类不同、程度不同的认知偏差的影响，因此同一时刻市场上资金持有者的信念必然存在众多状态，且当认知对象的不确定性较强时，这种信念的异质现象可能更加显著。金融系统发生极端经济事件对银行业的影响程度，不仅受到银行系统内部各种因素的影响，还与诸如政策因素、国际风险传染程度等众多因素相关，因此具有很强的不确定性。考虑到资金持有者处于信息不对称的弱势地位，本章对资金持有者对待极端经济事件的态度做出了异质信念的假设。进一步地，根据大数定理，受到众多因素影响的资金持有者的后验信念应服从正态分布，而由假设可知，反映极端经济事件影响程度的参数 κ 需满足大于 0 的假设，因此本章对不同资金持有者 i 的信念参数 κ_i 取自然对数，并假设 $\ln\kappa_i$ 服从均值为 $\ln\overline{\kappa}$、方差为 θ^2 的正态分布。

这一假定是本章核心之处。若假设资金持有者对未来不确定性具有同样的信念，则所有资金持有者将选择同样的投资渠道。本章认为不同资金持有者对极端经济事件的影响具有不同预期，且有 $\ln\kappa_i \sim N(\ln\overline{\kappa}, \theta)$，这里 $N(.)$ 为标准正态分布的分布函数，θ 表示 $\ln\kappa_i$ 的差异程度，也代表资金持有者对极端经济事件影响程度的意见分歧程度。在这一假设下，不同资金持有者将根据自己对未来的预期，决定现在的投资渠道，而银行可以通过购买不同比例的存款保险，影响资金持有者对银行存款的信心，进而在不同经济环境下稳定存款规模。

---

① 张维、张永杰：《异质信念、卖空限制与风险资产价格》，《管理科学学报》2006 年第 4 期。

二　对存款保险理赔情况分析

银行在 0 时刻为其存款购买存款保险，确定投保比例 β，如果 T 时刻银行出现存款本息的支付困难，每个存款人可至少获得其存款本息的 β 倍。在保险期末 T 时刻，保险公司对银行的经营状况进行审查。T 时刻银行资产价值的随机变量为 $V(T)$，银行应支付的存款本息和为 $D_0 e^{r_d T}$，D_0 为 0 时刻银行的存款价值。如果 T 时刻 $V(T) \geqslant D_0 e^{r_d T}$，银行经营状况良好，银行支付存款人 $D_0 e^{r_d T}$。如果 T 时刻 $V(T) < D_0 e^{r_d T}$ 银行出现存款支付困难，由于未保险存款的偿还顺序优于被保险存款，当 $(1-\beta) D_0 e^{r_d T} \leqslant V(T) < D_0 e^{r_d T}$ 时，银行资产将足以偿还其未保险存款，并能偿还部分被保险存款，此时存款保险机构承担被保险存款的未被偿还部分，存款人仍可以获得全部存款本息 $D_0 e^{r_d T}$；当 $V(T) < (1-\beta) D_0 e^{r_d T}$ 时，银行将只能以其资产价值 $V(T)$ 为限偿还部分未保险存款，而被保险存款 $\beta D_0 e^{r_d T}$ 将全部由存款保险机构代银行偿还，存款人需承担部分存款损失。因此，T 时刻所有存款人得到的总存款本息支付额为：

$$D(T) = \begin{cases} D_0 e^{r_d T} & V(T) \geqslant (1-\beta) D_0 e^{r_d T} \\ \beta D_0 e^{r_d T} + V(T) & V(T) < (1-\beta) D_0 e^{r_d T} \end{cases} \qquad (3.2)$$

三　对资金持有者行为分析

对于资金持有者 i，在 0 时刻进行投资决策的目的是最大化其 T 时刻收益的期望效用，即：

$$\max E[U(x)] = E(x^\rho)$$

在只有两种投资渠道情况下，资金持有者在 0 时刻的选择包括购买面值为 C 的无风险资产或将资金 C 全部存入银行。下面将比较这两种投资渠道下 T 时刻的期望效用。

由式 (3.2) 可知，如选择将资金 C 全部存入银行，单个资金持有者在 T 时刻能够得到的银行存款本息支付额 $d(T) = D(T)/H(\beta)$，其中，$H(\beta) \leqslant M$ 为投保比例为 β 情况下选择银行存款的总人数，满足 $D_0 = C \cdot H(\beta)$。由于异质信念的存在，每个资金持有者对未来 T 时刻可能得到的存款本息存在不同的预期，在资金持有者 i 信念下，T 时刻银行对其存款本息的支付额满足：

$$d_i(T) = \begin{cases} Ce^{r_d T} & V_i(T) \geq (1-\beta)D_0 e^{r_d T} \\ \beta Ce^{r_d T} + \dfrac{V_i(T)}{H(\beta)} & V_i(T) < (1-\beta)D_0 e^{r_d T} \end{cases} \quad (i=1, 2, \cdots, M)$$

$$(3.3)$$

式中，$V_i(T)$ 为资金持有者 i 信念下 T 时刻银行的资产价值。为方便计算，以 T 时刻可确定获得的存款本息 $\beta Ce^{r_d T}$ 作为参照点，则选择银行存款情况下，资金持有者 i 在 T 时刻的期望效用为：

$$E\left[(d_i(T) - \beta Ce^{r_d T})^\rho \right] \quad (3.4)$$

而选择投资无风险资产情况下，资金持有者 i 在 T 时刻的期望效用为：

$$E\left[(Ce^{r_f T} - \beta Ce^{r_d T})^\rho \right] = (Ce^{r_f T} - \beta Ce^{r_d T})^\rho \quad (3.5)$$

对于某些资金持有者满足 $E\{[d_i(T) - \beta Ce^{r_d T}]^\rho\} \geq (Ce^{r_f T} - \beta Ce^{r_d T})^\rho$，这些资金持有者将选择将资金存入银行，而其余资金持有者将选择投资无风险资产。

四 均衡的推导

市场中异质信念的存在，使得不同资金持有者对银行资产价值产生不同预期，在资金持有者 i 的信念下，银行的资产价值服从：

$$dV_i(t)/V_i(t) = \mu dt + \sigma dw(t) + (\kappa_i - 1)dQ(t, \lambda)(i=1, 2, \cdots, M)$$

$$(3.6)$$

由多利斯—戴德（Dolease – Dade）指数公式①得到式（3.6）的解为：

$$V_i(t) = V_0(\kappa_i)^{Q(t, \lambda)} \exp\left[(\mu - \sigma^2/2)t + \sigma w(t) \right](i=1, 2, \cdots, M)$$

$$(3.7)$$

在资金持有者 i 信念下，T 时刻银行资产价值满足 $\ln V_i(T) \sim \Phi$ $[\ln V_0 + Q(T, \lambda)\ln\kappa_i + (\mu - \sigma^2/2)T, \sigma^2 T]$，其中，$\Phi$ 为正态分布，进而在 $Q(T, \lambda) = j$ 条件下，银行资产价值的密度函数：

$$f_j[V_i(T)] = f[V_i(T) \mid Q(T, \lambda) = j]$$

---

① 严加安：《鞅与随机积分引论》，上海科学技术出版社 1981 年版，第 333—343 页。

$$= \exp \left\{ -\frac{1}{2} \left[\frac{\ln V_i(T) - \ln V_0 - j\ln\kappa_i - (\mu - \sigma^2/2)T}{\sigma\sqrt{T}} \right]^2 \right\} / [V_i(T)\sqrt{2\pi}\sigma\sqrt{T}]$$

$$(3.8)$$

根据假设 1，$Q(T, \lambda)$ 是强度为 λ 的泊松过程，满足：

$$Pr[Q(T, \lambda) = j] = \frac{\lambda^j}{j!}e^{-\lambda} \tag{3.9}$$

则由全概率公式得到资金持有者 i 信念下，T 时刻银行资产价值的密度函数为：

$$f[V_i(T)] = \sum_{j=0}^{+\infty} f[V_i(T) \mid Q(T,\lambda) = j] Pr[Q(T,\lambda) = j]$$

$$= \sum_{j=0}^{+\infty} f_j[V_i(T)] \frac{\lambda^j}{j!}e^{-\lambda} \tag{3.10}$$

因此，资金持有者 i 选择银行存款情况下，在 T 时刻的期望效用为：

$$E[(d_i(T) - \beta C e^{r_d T})^\rho]$$

$$= \int_0^{(1-\beta)D_0 e^{r_d T}} \left[\frac{V_i(T)}{H(\beta)} \right]^\rho f[V_i(T)] dV_i(T) + [(1-\beta)Ce^{r_d T}]^\rho \int_{(1-\beta)D_0 e^{r_d T}}^{+\infty} f[V_i(T)] dV_i(T)$$

$$= \sum_{j=0}^{+\infty} \frac{\lambda^j}{j!}e^{-\lambda} \int_0^{(1-\beta)D_0 e^{r_d T}} \left[\frac{V_i(T)}{H(\beta)} \right]^\rho f_j[V_i(T)] dV_i(T) +$$

$$[(1-\beta)Ce^{r_d T}]^\rho \sum_{j=0}^{+\infty} \frac{\lambda^j}{j!}e^{-\lambda} \int_{(1-\beta)}^{+\infty} D_0 e^{r_d T} f_j[V_i(T)] dV_i(T)$$

$$= \left[\frac{V_0}{H(\beta)} \right]^\rho e^{(\rho\mu - \frac{\rho - \rho^2}{2}\sigma^2)T} \sum_{j=0}^{+\infty} \frac{\lambda^j}{j!}e^{-\lambda}\kappa_i^{\rho j} N(h_j - \rho\sigma\sqrt{T}) +$$

$$[(1-\beta)Ce^{r_d T}]^\rho \sum_{j=0}^{+\infty} \frac{\lambda^j}{j!}e^{-\lambda}[1 - N(h_j)] \tag{3.11}$$

式中，$h_j = [\ln(1-\beta) + r_d T - \ln(V_0/D_0) - j\ln\kappa_i - (\mu - \sigma^2/2)T] / (\sigma\sqrt{T})$。式（3.11）的推导见附录。对于某些认为选择银行存款与无风险资产无差异的中立资金持有者，存在式（3.11）与式（3.5）相等，即 $E[(d_i(T) - \beta Ce^{r_d T})^\rho] = (Ce^{r_f T} - \beta Ce^{r_d T})^\rho$，令 κ^* 代表中立资金持有者的信念，则存在：

$$\left[\frac{V_0}{H(\beta)} \right]^\rho e^{(\rho\mu - \frac{\rho - \rho^2}{2}\sigma^2)T} \sum_{j=0}^{+\infty} \frac{\lambda^j}{j!}e^{-\lambda}(\kappa^*)^{\rho j} N(h_j^* - \rho\sigma\sqrt{T}) +$$

$$[(1-\beta)Ce^{r_dT}]^\rho \sum_{j=0}^{+}\frac{\lambda^j}{j!}e^{-\lambda}[1-N(h_j^*)] = (Ce^{r_jT}-\beta Ce^{r_dT})^\rho \qquad (3.12)$$

式中, $h_j^* = [\ln(1-\beta)+r_dT-\ln(V_0/D_0)-j\ln\kappa^*-(\mu-\sigma^2/2)T]/$ $(\sigma\sqrt{T})$。

资金持有者 i 的信念值 κ_i 越大, 反映其认为银行受极端事件的负面影响越小或正面影响越大, 从而选择银行存款带来的期望效用值也就越大。故当中立资金持有者信念为 κ^* 时, 所有 $\kappa_i \geqslant \kappa^*$ 的资金持有者将选择将资金存入银行。由 $\ln\kappa_i$ 服从正态分布, 即 $\ln\kappa_i \sim N(\overline{\ln\kappa}, \theta)$, 得到选择存款保险的资金持有者人数 $H(\beta)$ 占所有资金持有者人数 M 的比例:

$$\begin{aligned}\frac{H(\beta)}{M} &= \Pr(\kappa_i \geqslant \kappa^*) \\ &= 1 - \Pr(\kappa_i < \kappa^*) \\ &= 1 - \Pr(\ln\kappa_i < \ln\kappa^*) \\ &= 1 - N[(\ln\kappa^* - \overline{\ln\kappa})/\theta] \qquad (3.13)\end{aligned}$$

联立式 (3.12)、式 (3.13) 可解得选择银行存款的资金持有者人数 $H(\beta)$ 和中立资金持有者信念 κ^*, 其中, 银行在 0 时刻的总存款价值 $D_0 = CH_N(\beta)$, 资产价值 $V_0 = E_0 + CH_N(\beta)$, E_0 为 0 时刻银行的股权价值。

由于每个资金持有者持有相同数量的资金 C, 在投保比例为 β 情况下, 选择银行存款的资金持有者比例决定了银行存款的规模, 即:

$$\eta(\beta) = \frac{CH(\beta)}{C \cdot M} = \frac{H(\beta)}{M} \qquad (3.14)$$

式中, $\eta(\beta)$ 代表银行的存款规模, 即银行存款价值总额占市场上资金价值总额的比例。

五　存款保险稳定效应分析

我国目前实行的隐性存款保险制度, 在很大程度上依赖存款人对一国政府的信心。即虽然没有明确的存款保险合同, 但存款人相信, 若金融机构破产, 中央银行和地方政府将负责偿还其存款。正常经济形势下, 存款人对政府信心较强, 隐性存款保险制度与显性存款保险制度类似，能够产生一定的存款稳定效应。当极端经济事件发生的情况下，隐性存款保险制度由于没有权责明晰的存款保障措施，一旦存款人信心动摇，产生恐慌情绪，大量存款将可能流出银行系统。

本节设定两种情境：正常经济形势和极端经济事件发生后的情形。分别在两种情境下研究显性存款保险制度和隐性存款保险制度的存款稳定效应。设定银行对显性存款保险的投保比例为 β，即在两种情境下显性存款保险均对存款提供比例为 β 的保障。假设正常经济形势下，存款人认为隐形存款保险也能提供比例为 β 的存款保障，而当极端经济事件发生后，存款人预期的隐形存款保险保障比例调整为 β_1，且有 $\beta_1 < \beta$。

定义 3.1　正常经济形势下，存款保险制度（隐性或显性）对银行系统产生的存款稳定效应，表现为投保前后银行系统存款规模的变化。投保比例为 β 的存款保险的存款稳定效应定义为：

$$\delta(\beta) = \eta(\beta) - \eta(0) \qquad\qquad (3.15)$$

式中，$\eta(0)$ 为没有存款保险（投保比例为 0）情况下银行的存款规模。

假设在存款保险期间开始后极短的时间内发生一次极端事件，且由于极端事件发生频率较低，假设在存款保险期间不会发生第二次极端事件，即有 $Q(T, \lambda) = 1$。以 0^+ 表示极端事件发生的时刻，在 0^+ 时刻已知 $Q(T, \lambda) = 1$ 的情况下，资金持有者将重新考虑是否将其存款取出投资于无风险资产。由式（3.8）得到，当 $Q(T, \lambda) = 1$ 时，如果将资金继续留在银行，资金持有者 i 在 T 时刻的期望效用为：

$$E\{U[d_i(T) - \beta Ce^{r_dT}] \mid Q(T,\lambda) = 1\}$$

$$= \int_0^{(1-\beta)D_0e^{r_dT}} [\frac{V_i(T)}{H_N(\beta)}]^\rho f_1[V_i(T)]dV_i(T) + [(1-\beta)Ce^{r_dT}]^\rho \int_{(1-\beta)D_0e^{r_dT}}^{+\infty} f_1[V_i(T)]dV_i(T)$$

$$= [\frac{V_0}{H_N(\beta)}]^\rho e^{(\rho\mu - \frac{\rho - \rho^2}{2}\sigma^2)T}\kappa_i^\rho N(h_1 - \rho\sigma\sqrt{T}) + [(1-\beta)Ce^{r_dT}]^\rho[1 - N(h_1)]$$

$$\qquad\qquad (3.16)$$

式中，

$$f_1[V_i(T)] = f[V_i(T) \mid Q(T, \lambda) = 1]$$

$$= \exp\left\{ -\frac{1}{2}\left[\frac{\ln V_i(T) - \ln V_0 - \ln\kappa_i - (\mu - \sigma^2/2)T}{\sigma\sqrt{T}}\right]^2 \right\} / \left[V_i(T)\sqrt{2\pi}\sigma\sqrt{T}\right]$$

$$(3.17)$$

且 $h_1 = [\ln(1-\beta) + r_d T - \ln(V_0/D_0) - \ln\kappa_i - (\mu - \sigma^2/2)T]/(\sigma\sqrt{T})$，$H_C(\beta)$ 为发生极端事件情况下仍然选择将资金存入银行的资金持有者人数。式 (3.16) 的推导见附录。与第三章第二节第四小节的均衡推导类似，首先根据中立资金持有者的效用关系，即 $E[(d_i(T) - \beta Ce^{r_d T})^\rho \mid Q(T,\lambda) = 1] = (Ce^{r_f T} - \beta Ce^{r_d T})^\rho$ 得到：

$$\left[\frac{V_0}{H_C(\beta)}\right]^\rho e^{(\rho\mu - \frac{\rho - \rho^2}{2}\sigma^2)T}(\hat{\kappa})^\rho N(\hat{h}_1 - \rho\sigma\sqrt{T}) + [(1-\beta)Ce^{r_d T}]^\rho[1 - N(\hat{h}_1)] = (Ce^{r_f T} - \beta Ce^{r_d T})^\rho$$

$$(3.18)$$

式中，$\hat{h}_1 = [\ln(1-\beta) + r_d T - \ln(V_0/D_0) - \ln\hat{\kappa} - (\mu - \sigma^2/2)T]/(\sigma\sqrt{T})$，$\hat{\kappa}$ 为此时中立资金持有者的信念。得到极端经济事件发生情况下，选择银行存款的资金持有者比例为：

$$\frac{H_C(\beta)}{M} = \Pr(\kappa_i \geqslant \hat{\kappa}) = 1 - \Pr(\kappa_i < \hat{\kappa}) = 1 - \Pr(\ln\kappa_i < \ln\hat{\kappa}) = 1 - N[(\ln\hat{\kappa} < \ln\bar{\kappa})/\theta]$$

$$(3.19)$$

联立式 (3.18)、式 (3.19)，可得投保比例为 β 时，极端事件发生后仍然选择银行存款的资金持有者人数 $H_C(\beta)$ 和边界信念 $\hat{\kappa}$。进而得到发生极端经济事件情况下银行的存款规模：

$$\eta_{Crisis}(\beta) = \frac{H_C(\beta)}{M}$$

$$(3.20)$$

极端事件发生后银行系统的存款流失率可表示为极端事件发生后银行存款规模的减少比例。显性存款保险制度下，极端事件造成银行系统的存款流失率可表示为：

$$\xi_E(\beta) = \frac{\eta(\beta) - \eta_{Crisis}(\beta)}{\eta(\beta)}$$

$$(3.21)$$

隐性存款保险制度下，极端事件造成银行系统的存款流失率可表示为：

$$\xi_I(\beta) = \frac{\eta(\beta) - \eta_{Crisis}(\beta_I)}{\eta(\beta)}$$

$$(3.22)$$

定义 3.2 极端事件发生情况下，显性存款保险制度相对于隐性存款保险制度的存款稳定效应，定义为两种制度下银行存款流失率的差异，即：

$$\chi(\beta) = \xi_I(\beta) - \xi_E(\beta) \tag{3.23}$$

第三节　模拟分析

一　参数确定

以我国银行系统作为研究对象，选取了所有 14 家上市银行作为研究样本（见表 3 - 1），研究期间为 2012 年度，基本数据（银行资产价值、负债价值、股本、每日股价等）取自锐思数据库。本章涉及参数可分为待估计参数（银行系统资产收益率和波动率）、赋值参数（极端事件相关参数）和求解参数（潜在总资金规模）三类。参数确定步骤如下：

第一步：待估参数。利用 2012 年各上市银行每日股价及总股本计算出以十家银行为整体的银行系统的每日总股权价值，进而估计银行系统资产价值的即时收益率和波动率；

第二步：赋值参数。根据相关文献给出极端事件发生强度及其对银行影响程度等相关参数的赋值结果；

第三步：求解参数。以 14 家银行当前金融市场的均衡状态作为依据确定研究系统中总资金规模及每个资金持有者资金持有量。

由于仅考虑极端事件发生 0 次或 1 次的情形，以下计算中 j = 0、1。

（一）银行系统资产收益率与波动率估计

其方法参见本书第二章第四节，具体计算结果见表 3 - 2。

表 3 - 1　　　　　　　　　样本银行基本数据

银行	年初资产价值(亿元)	年末存款价值(亿元)	银行	年初资产价值(亿元)	年末存款价值(亿元)
平安银行	12581.77	10211.08	兴业银行	24087.98	18132.66
宁波银行	2604.98	2075.77	北京银行	9564.99	7137.72
浦发银行	26846.94	21343.65	交通银行	46111.77	37284.12

续表

银行	年初资产 价值(亿元)	年末存款 价值(亿元)	银行	年初资产 价值(亿元)	年末存款 价值(亿元)
华夏银行	12441.41	10360.00	中国工商银行	154768.68	136429.10
中国民生银行	22290.64	19261.94	中国建设银行	122818.34	113430.79
招商银行	27949.71	25324.44	中国银行	118300.66	91739.95
南京银行	2817.92	2136.56	中信银行	27658.81	22551.41

表 3 - 2 银行资产收益率和波动率参数估计结果

年份	资产收益率	资产波动率	无风险利率
2012	0.03075	0.01075	0.03007

（二）极端事件相关参数的赋值

由于 2012 年一年期定期存款利率经过两次调整，一年中共经历三个不同存款利率，分别以不同利率持续时间为权重，得到加权平均存款利率 $r_d = 0.03245$。本章借鉴 Dieckmann 和 Gallmeyer（2010）[1] 对极端事件及投资者异质信念的研究，假设银行受极端事件的影响程度 $\bar{\kappa} = 0.64$，极端事件发生的强度为 $\lambda = 0.05$，资金持有者信念异质程度为 $\theta = 0.5$。假设投资者效用函数的参数 $\rho = 0.9$，赋值结果见表3 - 3。

表 3 - 3 参数赋值

一年期存款利率	银行受极端事件 影响程度	极端事件 发生强度	信念异质程度	效用函数幂次
0.03077	0.64	0.05	0.5	0.9

（三）总资金规模及单位资金持有量的确定

当金融体系内部不存在显性存款保险制度时，存款人普遍认为，

---

① Dieckmann, S. and Gallmeyer, M., Rare event risk and emerging market debt with heterogeneous beliefs [J]. *Journal of International Money and Finance*, 2013, 33, pp. 163 - 187.

政府会为其存款提供最后保障,即金融系统存在隐性存款保险制度。①
由于我国尚未实行显性存款保险制度,且 2012 年一年期定期存款利
率为 0.03245,略高于无风险利率为 0.03007,这里假设我国当前隐性
存款保险制度下,存款保障程度 $\bar{\beta} = 90\%$。2012 年 1 月 1 日,银行系统总
资产价值 $\bar{V} = 610844.59$ 亿元,总存款价值为 $\bar{D} = 460833.16$ 亿元,总权益
价值 $E_0 = 150011.43$ 亿元。取总资金持有者人数为当前我国总人口数,即
$M = 13.5$ 亿人。由式(3.12)、式(3.13)可得目前均衡状态下选择银行
存款的资金持有者人数 $\bar{H} = 13.499$ 亿人,由 $\bar{H} = \bar{D}/C$ 得到 $C = \bar{D}/\bar{H} =$
34136.06 元。各参数的赋值及计算结果见表3-4。

表3-4 总资金规模及资金持有量

银行系统总资产价值(亿元)	银行系统总存款价值(亿元)	银行系统总权益价值(亿元)	隐性存款保障程度	总人数(亿人)	单个资金持有者持有资金(元)
610844.59	460833.16	150011.43	90%	13.5	34136.06

二 基本模拟结果

将第三章第三节第一小节确定的各参数代入式(3.12)、式
(3.13),分别计算得到正常经济环境的均衡状态下,投保比例分别为
0、40%、60% 和 100% 情况下对应的银行存款规模,进而得到不同投
保比例下存款保险的存款稳定效应,具体结果见表3-5。正常经济环
境下,$\beta = 0$ 时,银行存款完全没有保险,银行能够吸引的存款规模
为 68.21%、$\beta = 40\%$ 和 60% 时,银行投保部分存款保险,银行能够
吸引到的存款规模分别为 86.34% 和 96.24%,存款保险的存款稳定
效应分别为 18.13% 和 28.03% 及 $\beta = 100\%$ 时,银行存款完全被保
险,银行可吸引全部存款,存款稳定效应达到最大,为 31.79%。由模
拟结果可知,银行投保存款保险在很大程度上提升了存款人信心,使更

---

① Angkinand, A. and Wihlborg, C., Deposit insurance coverage, ownership, and banks' risk
- taking in emerging markets [J]. *Journal of International Money and Finance*, 2010, 29, pp. 252 -
274.

多的资金持有者选择将资金存入银行。

表3–5 正常经济形势下存款保险的存款稳定效应

投保情况	投保比例（%）	中立信念	存款人数（亿人）	存款规模（%）	存款稳定效应（%）
无保险	0	0.650	9.21	68.21	0
部分保险	40	0.281	11.66	86.34	18.13
	60	0.197	12.99	96.24	28.03
完全保险	100	0 +	13.50	100.00	31.79

取 β = 90%（正常经济形势下存款人默认的隐性存款保险制度下的承保比例，见表 3 – 4，其他参数不变，由式（3.14）得到正常经济形势下显性存款保险制度和隐性存款保险制度对应的银行存款规模。分别把 β = 90% 和 β_1 = 60%、40%、0 代入式（3.18），联立式（3.18）和式（3.19），得到极端事件发生后，显性存款保险制度和隐性保险制度下对应的银行存款规模，进而由式（3.21）、式（3.22）计算得到两种存款保险制度下的存款流失率，由式（3.23）得到极端事件发生后，显性存款保险制度相对隐性存款保险制度的存款稳定效应，具体结果见表 3 – 6。极端事件发生后存款人对其存款保障程度的预期反映了存款人的恐慌程度，即 β_1 越小恐慌程度越高。显性存款保险制度下，由于有明确的存款承保比例，极端事件发生后银行系统不会出现大量的存款流失现象，投保比例为 90% 的情况下，存款流失率仅为 0.0008%（在投保比例逐渐下降的情况下，极端事件发生后显性存款保险制度同样保证了较低的存款流失率，具体结果见第三章第二节第三小节）。在隐性存款保险制度下，即使正常经济形势下存款人对存款保障程度具有良好信心（保障程度为 90%），极端事件发生后，一旦出现恐慌，存款人可能将其存款转移出银行体系，造成较高的存款流失率。在恐慌程度分别为弱、中等和强的情况下，对应的存款流失率分别为 5.2836%、15.3473% 和 32.6284%。显性存款保险制度相对于隐性存款保险制度的存款稳定效应分别为 5.2828%、15.3465% 和 32.6276%。由模拟结果可知，极端事件发

生后存款人的恐慌程度越强，隐性存款保险制度下存款流失率就越高，进而显性存款保险制度的存款稳定效应也就越显著。

表3-6　　　不同恐慌程度下显性存款保险制度的存款稳定效应

恐慌 程度	投保 比例 （%）	预期隐性存 款保险制度下 保障比例（%）	显性存款保 险制度下存 款流失率（%）	隐性存款保 险制度下存 款流失率（%）	显性存款保险 制度的存款 稳定效应（%）
弱	90	60	0.0008	5.2836	5.2828
中等	90	40	0.0008	15.3473	15.3465
强	90	0	0.0008	32.6284	32.6276

三　敏感度分析

令 β 在0—100% 变化，其他参数不变，得到正常经济环境下存款保险的存款稳定效应与存款保险投保比例之间的反应趋势，如图3-1所示。随着存款保险投保比例的增加，存款保险的存款稳定效应逐渐增加，当投保比例达到80%以上时，存款保险的稳定效应接近最大并趋于稳定。同样，令 β 在0—100% 变化（显性存款保险制度下意味着投保比例由小变大，隐性存款保险制度下意味着存款人在正常经济形势下对银行系统的信心逐渐增强），假设极端事件发生后存款人产生极度恐慌，即令 $β_1$ =0，其他参数保持不变，得到发生极端事件后，显性存款保险制度和隐性存款保险制度下银行系统存款流失率的反应趋势，以及显性存款保险制度相对于隐性存款保险制度存款稳定效应的反应趋势，如图3-2所示。在不同投保比例下，极端事件发生后显性存款保险制度均保证了银行系统较低的存款流失率（图3-2中的菱形图标曲线）；当出现极度恐慌时，隐性存款保险制度下银行系统可能出现明显的存款流失现象（图3-2中的方形图标曲线）；隐性存款保险制度下，虽然存款人信心能够维持正常经济形势下银行的存款规模，但这可能埋下了更大的隐患，即正常经济形势下存款人信心越强（隐性存款保险制度下的 β 值越大），极端事件发生后银行系统的存款流失率也越高；在各种存款保障比例下，显性存款保险制度相对于隐性存款保险制度具有较明显的存款稳定效应（图3-2中的三角形图标曲线），且随投保比例的增加，这种稳定效应更加明显。

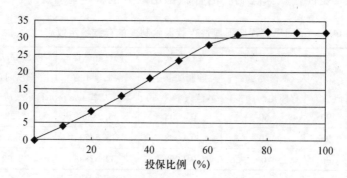

图 3-1 正常经济环境下存款稳定效应对投保比例的反应趋势

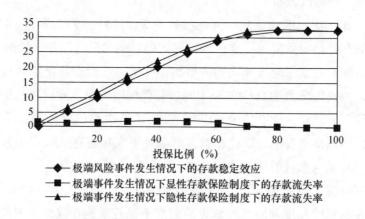

◆— 极端风险事件发生情况下的存款稳定效应
■— 极端事件发生情况下显性存款保险制度下的存款流失率
▲— 极端事件发生情况下隐性存款保险制度下的存款流失率

图 3-2 极端事件情况下存款稳定效应对投保比例的反应趋势

取存款保险投保比例 $\beta = 60\%$，令极端事件发生的强度 λ 在 0.05—0.15 变化，其他参数不变，得到正常经济形势下存款保险制度存款稳定效应的反应趋势，以及极端事件发生后显性存款保险制度相对于隐性存款保险制度存款稳定效应的反应趋势，如图 3-3 和图 3-4 所示。正常经济环境下，当极端事件发生强度较低时，存款保险的存款稳定效应维持在 20%—30%，当极端事件发生强度足够大时，无存款保障情况下银行系统将损失大部分存款，存款保险的稳定效应出现突然增加，并保持在很高水平；在极端事件发生强度的各个水平上，极端事件发生后，显性存款保险制度下银行系统的存款流失率均保持在较低水平（小于6%），而隐性存款保险制度下银行系统的存款流失率维持在较高水平（28%—33%），极端事件发生后显性存款保险制度相对隐性存款保险制度的存款稳定效应保持在较高水平（大于25%）。极端事件发生强度的预期反映存款人对未来经济形势的判断，正常经济形势下，当存款人预期未来经济形势可能恶化时，存款保险制度在维持银行系统存款规模方面会起到更大的作用。

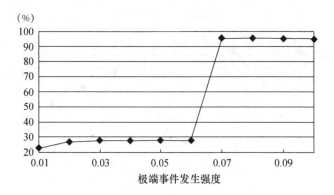

图3-3　正常经济环境下存款稳定效应对极端事件发生强度的反应趋势

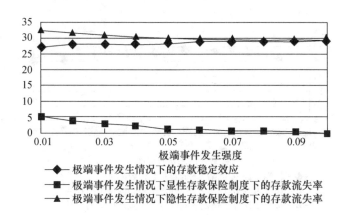

图3-4　极端事件情况下存款稳定效应对极端事件发生强度的反应趋势

同样取存款保险投保比例 β=60%，令资金持有者信念异质程度

逐渐增加，即资金持有者信念的标准差 θ 在 0.1—1 变化，其他参数
不变，得到正常经济形势下存款保险制度存款稳定效应的反应趋势，
以及极端事件发生后显性存款保险制度相对于隐性存款保险制度存款
稳定效应的反应趋势，如图 3-5 和图 3-6 所示。随着资金持有者信
念异质程度的增加，正常经济形势下存款保险的存款稳定效应，及发
生危机后显性存款保险制度相对隐性存款保险制度的存款稳定效应均
呈现出先增后减的趋势，且当存款人信念的标准差约为 0.4 时，两种

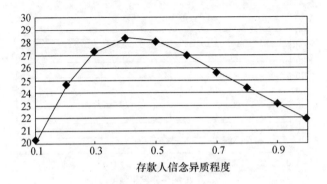

图 3-5　正常经济环境下存款稳定效应对投资者
信念异质程度的反应趋势

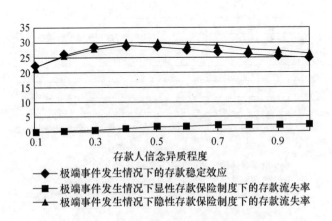

◆── 极端事件发生情况下的存款稳定效应
■── 极端事件发生情况下显性存款保险制度下的存款流失率
▲── 极端事件发生情况下隐性存款保险制度下的存款流失率

图 3-6　极端事件情况下存款稳定效应对投资者
信念异质程度的反应趋势

效应达到最大。由于银行系统的信息透明度在一定程度上会影响资金持有者的信念异质程度，从而影响存款保险制度的危机稳定效应，因此，将银行系统信息透明度维持在适度水平，有利于存款保险制度发挥存款稳定效应。

综上所述，本章基于银行资产价值的跳扩散过程，在存款人异质信念下提出了一种度量存款保险存款稳定效应的模型。首先，刻画了具有异质信念的资金持有者的决策模式及正常经济形势下投保前后银行系统存款规模的变化，以此度量正常经济形势下存款保险的存款稳定效应。其次，计算隐性存款保险制度和显性存款保险制度下极端事件发生后银行系统的存款流失率，以两者之差度量极端事件发生后显性存款保险制度的存款稳定效应。最后，为验证模型效果，对投保比例及其他各参数变化的若干情景进行了模拟分析。本章提出的模型可以度量存款保险在提升存款人信心，进而维持银行系统存款规模方面所起的稳定作用，弥补了国内相关研究缺乏量化模型的不足。

基本结论如下：

（1）在众多存款人对危机事件影响程度具有不同预期情况下，存款保险制度可以在一定程度上提升存款人对银行系统的信心，从而产生存款稳定效应。

（2）正常经济环境下，显性存款保险制度与隐性存款保险制度具有类似的存款稳定效应，当极端经济事件发生后，显性存款保险制度能够更好地抑制银行系统的存款流失现象，且存款人的恐慌程度越强，显性存款保险制度的存款稳定效应也就越显著。

（3）存款保险制度的存款稳定效应与投保比例正相关，当投保比例达到80%以上时，存款保险的稳定效应接近最大并趋于稳定。

（4）正常经济形势下，当存款人预期未来经济形势可能恶化时，存款保险制度在维持银行系统存款规模方面会起到更大的作用。

（5）随着存款人信念异质程度的增加，存款保险制度的存款稳定效应呈现出先增后减的趋势，因此，将银行系统信息透明度维持在适度水平，有利于存款保险制度发挥存款稳定效应。

第四章　基于分位数回归模型的存款保险
风险传导抑制效应分析

第一节　引言

本书第三章从存款保险制度保护存款人利益、增强存款人信心的角度，度量了存款保险制度的存款稳定效应。本章从银行间风险传导的角度，度量存款保险制度抑制银行系统风险传导的程度。当金融系统出现风险事件，银行资产受到冲击的情况下，存款保险制度有利于减少银行破产数目，部分抑制或化解银行破产风险的传导效应[①]，在系统风险管理上起到缓冲器或稳定器的作用。针对存款保险制度的风险传导抑制效应的度量及建模手段相对缺乏，部分原因在于银行间风险传导效应从传导途径和影响程度上均较难度量。传统的风险传导效应度量方法包括检验两个风险资产价格的相关性，比较危机期间和正常时期风险资产之间的相关系数的变化情况[②]；研究不同风险资产价格的协同运动，如波动溢出分析、产生危机的条件概率检验和协整分析等[③]；考虑风险资产间的非线性相关特征，应用多元极值理论方法

---

① Bruche，M. and Suarez，J.，Deposit insurance and money market freezes［J］. *Journal of Monetary Economics*，2010.，57：45-61.

② Forbes，K. and Rigobon，R.，*Measuring Contagion：Conceptual and Empirical Issues*［M］. *International Financial Contagion*，New York：Springer，2001.

③ 张志波、齐中英：《基于 VaR 模型的金融危机传染效应检验方法与实证分析》，《管理工程学报》2005 年第 3 期。

及多元GARCH – M 模型分析危机传染①②等。

目前，关于风险传导效应的研究多着眼于分析风险资产间的相关性，而银行间风险传导效应的本质是要研究市场风险的特点，即一个银行面临的风险是否会因为另一家银行出现风险事件而变得更大。叶五一等③应用分位数回归模型，以收益率的分位点（VaR）度量市场风险，研究了金融危机的传染问题。尽管 VaR 在目前风险管理中得到了金融业界的广泛认可，仍有大量的文献对 VaR 作为风险量度的适宜性提出了批评。詹原瑞等④认为 VaR 仅度量了组合损失分布某一点的损失水平，对超出这一点的损失分布行为未予以考虑。阿茨纳等（Artzner）⑤ 证明 VaR 不具有次可加性，不是一个一致的风险度量指标，且首次提出预期短缺 ES 作为一致性风险度量指标。由于 ES 满足一致性公理，而且它度量的是损失水平超过 VaR 的损失分布尾部的平均损失，具有风险敏感性，这使 ES 成为 VaR 的一个可能的替代指标。

本章基于分位数回归模型⑥⑦，以银行资产价值的预期短缺 ES 作为度量银行风险的指标，实证分析我国上市银行间的风险传导效应，并通过模拟分析的方法计算购买存款保险前后银行间风险传导效应的变化，以此作为度量存款保险风险传导抑制效应的指标。

---

① Longin, F. M. and Solnik, B., Extreme correlations of international equity markets during extremely volatile periods [J]. *Journal of Finance*, 2001, 56 (2), pp. 649 – 676.

② Bekaert, G. and Wu, G., Asymmetric volatility and risk in equity markets [J]. *Review of Financial Studies*, 2000, 13 (1), pp. 1 – 42.

③ 叶五一、缪柏其、马宇超：《基于危险率函数变点监测的美国次级债危机传染分析》，《系统工程理论实践》2010 年第 3 期。

④ 詹原瑞、刘俊梅：《预期短缺 ES 估计的稳定性分析》，《系统工程学报》2008 年第 5 期。

⑤ Artzner, P., Delbaen, F. and Eber, J. M. et al., Coherent measures of risk [J]. *Mathematical Finance*, 1999, (9), pp. 203 – 228.

⑥ Chevapatrakul, T., Monetary environments and stock returns revisited: A quantile regression approach [J]. *Economics Letters*, 2014, 123, pp. 122 – 126.

⑦ Cai, Y., Stander, J. and Davies, N., A new Bayesian approach to quantile auto regressive time series model estimation and forecasting [J]. *Journal of Time Series Analysis*, 2012, 33 (4), pp. 684 – 698.

第二节　存款保险预期短缺风险抑制模型

一　线性分位数回归模型

假设随机变量 Y 为被解释变量，其观测值为 $\{y_1,\ y_2,\ \cdots,\ y_n\}$，Y 的分布函数为 $F(y) = Pr(Y \leqslant y)$。对于任意 $\tau \in (0,\ 1)$，Y 的 τ 分位数被定义为 $Q_\tau(Y) = \inf\{y:\ F(y) \geqslant \tau\}$。假设解释变量 $X = (X_1,\ X_2,\ \cdots,\ X_d)^T$ 为 d 维向量，其观测值为 $\{x_1,\ x_2,\ \cdots,\ x_n\}$，其中，$x_t = (x_{t,1},\ x_{t,2},\ \cdots,\ x_{t,d})^T (t = 1,\ 2,\ \cdots,\ n)$。

随机变量 Y 的置信度为 $1 - \tau$ 的分位数回归模型为：

$$Y_1 = X_t^T \beta \tau + u_{t,\tau} \quad (t = 1,\ 2,\ \cdots,\ n) \tag{4.1}$$

对式（4.1）两边取条件分位数有：

$$Q_\tau(Y_t \mid x_t) = x_t^T \beta \tau + Q(u_{t,\tau} \mid x_t) \quad (t = 1,\ 2,\ \cdots,\ n)$$

误差项 $u_{t,\tau}$ 满足 $Q_\tau(u_{t,\tau} \mid x_t) = 0$，于是有 $Q_\tau(Y_t \mid x_t) = x_t^T \beta_\tau$。

分位数回归系数可以通过解下面的最小化问题得到[1][2][3][4]：

$$\min \sum_{t=1}^{n} \rho_\tau(y_t - x_t^T \beta_\tau) \tag{4.2}$$

式中，$\rho_\tau(u) = [\tau - I(u < 0)] \cdot u$，$I(\cdot)$ 为示性函数，满足：

$$I(u < 0) = \begin{cases} 1, & u < 0 \\ 0, & u \geqslant 0 \end{cases}$$

二　预期短缺估计

置信水平为 $1 - \tau$ 的随机变量 Y 的在险价值可表示为：

① Koenker, R. and Gilbert, B., Regression quantities [J]. *Econometrica*, 1978, 46 (1), pp. 33 – 50.

② Huarng, K. H. and Yu, H. K., A new quantile regression forecasting model [J]. *Journal of Business Research*, 2014, 67, pp. 779 – 784.

③ Gerlacha, R. H., Chen, C. W. S. and Chan, N. Y. C., Bayesian time – varying quantile forecasting for value – at – risk in financial markets [J]. *Journal of Business & Economic Statistics*, 2011, 29 (4), pp. 481 – 492.

④ 蔡宗武、陈琳娜、方颖：《人民币汇率的半参数预测模型》，《系统工程理论与实践》2012 年第 4 期。

$$VaR_{1-\tau}(Y) = \overline{Y} - Q_\tau(Y) \tag{4.3}$$

式中，$\overline{Y}$ 为衡量在险价值的参照点，一般为随机变量 Y 的预期价值。令 $L(Y) = \overline{Y} - Y$ 表示随机变量 Y 相对于参照点 $\overline{Y}$ 的短缺，则置信水平为 $1 - \tau$ 的随机变量 Y 的预期短缺可表示为[①]：

$$ES_{1-\tau}(Y) = E[L(Y) \mid L(Y) \geqslant VaR_{1-\tau}(Y)] \tag{4.4}$$

将 $L(Y) = \overline{Y} - Y$ 和式（4.3）代入式（4.4），得到：

$$ES_{1-\tau}(Y) = \overline{Y} - E[Y \mid Y \leqslant Q_\tau(Y)] \tag{4.5}$$

为了便于计算，将 $Y \leqslant Q_\tau(Y)$ 的区间按等概率分为 h 个小区间，第 k 个区间表示为 $[Q_{\tau-k(\tau/h)}(Y), Q_{\tau-(k-1)(\tau/h)}(Y)]$（k = 1，2，…，h），满足 $\Pr[Q_{\tau-k(\tau/h)}(Y) < Y \leqslant Q_{\tau-(k-1)(\tau/h)}(Y)] = \tau/h$。令 $\overline{Q}_k$ 表示 Y 在第 k 个区间的平均取值，有 $\overline{Q}_k = 1/2[Q_{\tau-(k-1)(\tau/h)}(Y) + Q_{\tau-k(\tau/h)}(Y)]$。当 h 足够大时，有：

$$
\begin{aligned}
E[Y \mid Y \leqslant Q_\tau(Y)] &= \int_{y \leqslant Q_\tau(Y)} y \times \mathrm{d}\{\Pr[Y = y \mid Y \leqslant Q_\tau(Y)]\} \\
&\approx \sum_{k=1}^{h} \overline{Q}_k \times \frac{\Pr[Q_{\tau-k(\tau/h)}(Y) < Y \leqslant Q_{\tau-(k-1)(\tau/h)}(Y)]}{\Pr[Y \leqslant Q_\tau(Y)]} \\
&= \sum_{k=1}^{h} \frac{1}{2}[Q_{\tau-k(\tau/h)}(Y) + Q_{\tau-(k-1)(\tau/h)}(Y)] \times \frac{\tau/h}{\tau} \\
&= \frac{1}{2h} \sum_{k=1}^{h} [Q_{\tau-k(\tau/h)}(Y) + Q_{\tau-(k-1)(\tau/h)}(Y)]
\end{aligned} \tag{4.6}
$$

解式（4.2）得到分位点回归系数向量 $\beta_{\tau-k(\tau/h)}$ 和 Y 的条件分位点估计：

$$\hat{Q}_{\tau-k(\tau/h)}(Y_t \mid x_t) = x_t^T \beta_{\tau-k(\tau/h)} \tag{4.7}$$

将式（4.7）代入式（4.6），得到：

$$
\begin{aligned}
\hat{E}[Y_t \mid Y_t \leqslant Q_\tau(Y_t \mid x_t)] &\approx \frac{1}{2h} \sum_{k=1}^{h} [\hat{Q}_{\tau-k(\tau/h)}(Y_t \mid x_t) + \hat{Q}_{\tau-(k-1)(\tau/h)}(Y_t \mid x_t)] \\
&= \frac{1}{2h} \cdot \sum_{k=1}^{h} x_t^T \cdot [\beta_{\tau-k(\tau/h)} + \beta_{\tau-(k-1)(\tau/h)}]
\end{aligned} \tag{4.8}
$$

---

① Artzner, P., Delbaen, F. and Eber, J. M. et al., Coherent measures of risk [J]. Mathematical Finance, 1999, (9), pp. 203 – 228.

将式（4.8）代入式（4.5），得到置信度为 $1-\tau$ 的随机变量 Y 的预期短缺条件估计：

$$E\hat{S}_{1-\tau}(Y_t\,|\,x_t) = \overline{Y}_t - \frac{1}{2h} \times \sum_{k=1}^{h} x_t^T \times \left[\beta_{\tau-k(\tau/h)} + \beta_{\tau-(k-1)(\tau/h)}\right]$$

$$(4.9)$$

三 存款保险风险传导抑制效应

假设银行系统共有 m 个银行，t 时刻银行 i 的资产价值为 $V_{i,t}$（i = 1，2，…，m）。任取 $j \in (1, 2, …, m)$，为保证银行资产价值非负，以 t 时刻银行 j 资产价值的自然对数 $\ln V_{j,t}$ 作为被解释变量，$\ln V_{j,t}$ 受到内部和外部两方面因素影响，以银行 j 滞后 1 期资产价值的自然对数 $\ln V_{j,t-1}$ 作为内部因素的解释变量，以 t 时刻银行系统其余 m − 1 个银行资产价值的自然对数 $\ln V_{i,t}$（i≠j）作为外部因素的解释变量。得到置信度为 $1-\tau$ 的银行 j 资产价值对数分位数回归模型：

$$\ln V_{j,t} = \beta_{0j,\tau} + \beta_{j-1j,\tau}\ln V_{j,t-1} + \sum_{i\neq j}\beta_{ij,\tau}\ln V_{i,t} + u_{j,t,\tau}$$

$$(t = 2, 3, …, n) \qquad\qquad (4.10)$$

为了满足可识别性[①]，一般假定解释变量的第一个分量恒等于 1，对应回归系 $\beta_{0,j,\tau}$ 表示截距项。已知 $V_{i,t}$（i≠j）的观测值 $v_{i,t}$（i≠j）和 $V_{j,t-1}$ 的观测值 $v_{j,t-1}$。由式（4.9）得到置信度为 $1-\tau$ 的银行 j 资产价值对数预期短缺条件估计：

$$E\hat{S}_{1-\tau}(\ln V_{j,t}\,|\,v_t) = \overline{V}_{j,t} - \exp\Big(\frac{1}{2h} \times \sum_{k=1}^{h} \{[\beta_{0j,\tau-k(\tau/h)} + \beta_{0j,\tau-(k-1)(\tau/h)}] +$$

$$[\beta_{j-1j,\tau-k(\tau/h)} + \beta_{j-1j,\tau-(k-1)(\tau/h)}]\ln w_{j,t-1} + \sum_{i\neq j}[\beta_{ij,\tau-k(\tau/h)} + \beta_{ij,\tau-(k-1)(\tau/h)}]\ln w_{i,t}\}\Big)$$

$$= \overline{V}_{j,t} - \exp\Big(\theta_{0j,\tau} + \theta_{j-1j,\tau}\ln w_{j,t-1} + \sum_{i\neq j}\theta_{ij,\tau}\ln w_{i,t}\Big) \qquad (4.11)$$

式中，$\theta_{0j,\tau} = \dfrac{1}{2h} \times \displaystyle\sum_{k=1}^{h}[\beta_{0j,\tau-k(\tau/h)} + \beta_{0j,\tau-(k-1)(\tau/h)}]$，$\theta_{j-1j,\tau} = \dfrac{1}{2h} \cdot$

$\displaystyle\sum_{k=1}^{h}[\beta_{j-1j,\tau-k(\tau/h)} + \beta_{j-1j,\tau-(k-1)(\tau/h)}]$，$\theta_{ij,\tau} = \dfrac{1}{2h} \cdot \displaystyle\sum_{k=1}^{h}[\beta_{ij,\tau-k(\tau/h)} +$

---

① 叶五一、缪柏其：《基于动态分位点回归模型的金融传染分析》，《系统工程学报》2012 年第 2 期。

$\beta_{i,j,\tau-(k-1)(\tau/h)}$], $\overline{V}_{j,t}$ 为各银行衡量在险价值的参照点。

定义 4.1　以银行资产价值的预期短缺度量银行资产面临的短缺风险[1][2]，定义置信度为 $1-\tau$ 的银行 j 的资产短缺风险 $W_{j,t} = \hat{ES}_{1-\tau}$ ($\ln V_{j,t} | v_t$)。

由式（4.11）可知，t 时刻银行 j 资产的短缺风险由三方面因素决定：$\ln \overline{V}_{j,t} + \theta_{0,j,\tau}$ 不受解释变量（各银行资产价值）变化的影响，是风险的固有效应；$\theta_{j-1,j,\tau} \ln v_{j,t-1}$ 反映滞后 1 期的银行 j 资产价值对本期银行 j 资产短缺风险的影响，是风险的内部效应；$\sum_{i\neq j} \theta_{i,j,\tau} \ln v_{i,t}$ 反映银行系统内其他银行资产价值对银行 j 资产短缺风险的影响，是风险的外部效应。对 t 时刻银行系统内所有银行资产短缺风险求和，得到 t 时刻银行系统总资产短缺风险 $SW_t = \sum_{j=1}^{m} W_{j,t} = \sum_{j=1}^{m} \hat{ES}_{1-\tau}(\ln V_{j,t} | v_t)$。由式（4.11）可得：

$$SW_t = \sum_{j=1}^{m} [\overline{V}_{j,t} - \exp(\theta_{0,j,\tau} + \theta_{j-1,j,\tau}\ln v_{j,t-1} + \sum_{i\neq j} \theta_{i,j,\tau}\ln v_{i,t})]$$

$$(4.12)$$

假设 T 时刻银行 i 发生风险事件，其资产价值一次性减少 $\delta\%$。银行 i 资产价值的减少通过两条途径对银行系统的总资产短缺风险产生影响：通过风险的外部效应，在 T 时刻影响银行系统内其他银行资产的短缺风险；通过风险的内部效应，影响本银行 T+1 时刻资产的短缺风险。

定义 4.2　银行间的风险传导效应表现为某银行发生风险事件后，引起银行系统内其他银行资产短缺风险发生变化，总风险传导效应的大小即为风险事件发生前后所有非出险银行资产短缺风险的变化量之和。

---

① Acharya, V., Engle, R. F. and Richardson, M., Capital shortfall: A new approach to ranking and regulating systemic risks [J]. *American Economic Review Papers and Proceedings*, 2012, 102 (3), pp. 59-64.

② Billio, Monica, Getmansky, M. et al., Econometric Measures of Systemic Risk in the Finance and Insurance Sectors [R]. National Bureau of Economic Research Working Paper: 16223, 2010.

由于银行 i 发生风险事件对银行系统内其他银行资产短缺风险的影响发生在 T 时刻，度量银行间风险传导效应的大小只需计算风险事件发生前后，T 时刻银行系统总资产短缺风险的变化量。未购买存款保险情况下，银行 i 在 T 时刻的资产价值为 $v_{i,T}^{(0)}(\delta) = v_{i,\check{T}} - (1 - \delta\%)$ [注：上标 (0) 代表没有存款保险的情形，上标 (1) 为对应情况下购买存款保险后的情形]，其中，$v_{i,\check{T}}$ 为风险事件发生前银行 i 的资产价值。取 $t = T$，将向量 $(v_{1,T}, \cdots, v_{i,T}^{(0)}(\delta), \cdots, v_{m,T})^T$ 代入式 (4.12)，得到没有存款保险情况下，T 时刻银行系统的总资产短缺风险：

$$SW_T^{(0)}(i,\delta) = \sum_{j=1}^m \left\{ \overline{V}_{j,T} - \exp\left[\theta_{0,j,\tau} \theta_{j\_1,j,\tau} \ln v_{j,T-1} + (1,1,\cdots,1) \begin{pmatrix} 0 & \theta_{2,1,\tau} & \cdots & \theta_{m,1,\tau} \\ \theta_{1,2,\tau} & 0 & \cdots & \theta_{m,2,\tau} \\ \cdots & \cdots & & \cdots \\ \theta_{1,m,\tau} & \theta_{2,m,\tau} & \cdots & 0 \end{pmatrix} \right. \right.$$

$$\left. \left. \begin{pmatrix} \ln v_{1,T} \\ \cdots \\ \ln[v_{i,T} - (1 - \delta\%)] \\ \cdots \\ \ln v_{m,T} \end{pmatrix} \right] \right\} \qquad (4.13)$$

将向量 $(v_{1,T}, \cdots, v_{i,\check{T}}, \cdots, v_{m,T})^T$ 代入式 (4.12)，得到风险事件发生前 T 时刻银行系统的总资产短缺风险 SW_T，则未购买存款保险情况下，银行间的风险传导效应为：

$$RC_T^{(0)}(i, \delta) = SW_T^{(0)}(i, \delta) - SW_T \qquad (4.14)$$

假设银行全部负债来源于存款，购买存款保险后，银行 i 在 T 时刻的资产价值满足：

$$V_{i,T}^{(1)}(\delta) = \begin{cases} V_{i,T}(1 - 8\%), & V_{i,T}(1 - 8\%) \geqslant D_{i,T} \\ D_{i,T}, & V_{i,T}(1 - 8\%) < d_{i,T} \end{cases}$$

其中，$D_{i,T}$ 为银行 i 在 T 时刻的存款价值。将向量 $v_T = (v_{1,T}, \cdots, v_{i,T}^{(1)}(\delta), \cdots, v_{m,T})^T$ 代入式 (4.12)，得到购买存款保险后，T 时刻银行系统的总预期短缺：

$$SW_T^{(1)}(i,\delta) = \sum_{j=1}^m \left\{ \overline{V}_{j,T} - \exp[\theta_{0,j,\tau} + \theta_{j\_1,j,\tau} \ln v_{j,T-1} + G(i,\delta)] \right\}$$

$$(4.15)$$

其中，$G(i, \delta) =$

$$
\begin{cases}
(1, 1, \cdots, 1)\begin{bmatrix} 0 & \theta_{2,1,\tau} & \cdots & \theta_{m,1,\tau} \\ \theta_{1,2,\tau} & 0 & \cdots & \theta_{m,2,\tau} \\ \cdots & \cdots & \cdots & \cdots \\ \theta_{1,m,\tau} & \theta_{2,m,\tau} & \cdots & 0 \end{bmatrix}\begin{pmatrix} \ln v_{1,T} \\ \ln[\overline{v_{i,T}}(1-\delta\%)] \\ \cdots \\ \ln v_{m,T} \end{pmatrix}, & \delta \leqslant 100\left(1 - \dfrac{D_{i,T}}{\overline{v_{i,T}}}\right) \\[6em]
(1, 1, \cdots, 1)\begin{bmatrix} 0 & \theta_{2,1,\tau} & \cdots & \theta_{m,1,\tau} \\ \theta_{1,2,\tau} & 0 & \cdots & \theta_{m,2,\tau} \\ \cdots & \cdots & \cdots & \cdots \\ \theta_{1,m,\tau} & \theta_{2,m,\tau} & \cdots & 0 \end{bmatrix}\begin{pmatrix} \ln v_{1,T} \\ \cdots \\ \ln D_{i,T} \\ \cdots \\ \ln v_{m,T} \end{pmatrix}, & \delta > 100\left(1 - \dfrac{D_{i,T}}{\overline{v_{i,T}}}\right)
\end{cases}
$$

则购买存款保险后，银行间的风险传导效应为：

$$RC_T^{(1)}(i, \delta) = SW_T^{(1)}(i, \delta) - SW_T \tag{4.16}$$

定义 4.3　T 时刻银行 i 发生风险事件，造成资产价值减少 $\delta\%$ 情况下，存款保险的风险传导抑制效应为投保前后银行间风险传导效应的变化，即：

$$RI_T(i, \delta) = RC_T^{(0)}(i, \delta) - RC_T^{(1)}(i, \delta) \tag{4.17}$$

第三节　实证及模拟分析

应用上节构建的模型进行实证和模拟分析，首先，度量正常经济形势下各银行资产面临的短缺风险；其次，计算未购买存款保险情况下，某银行发生风险事件后银行间风险传导效应的大小；最后，计算购买存款保险前后银行间风险传导效应的变化，以此作为衡量存款保险风险传导抑制效应的指标。

一　数据描述

以我国银行系统作为研究对象，选取了所有 14 家上市银行（平安银行、宁波银行、浦发银行、华夏银行、中国民生银行、招商银行、南京银行、兴业银行、北京银行、交通银行、中国工商银行、中国建设银行、中国银行和中信实业银行分别简称为平安、宁波、浦发、华夏、民生、招商、南京、兴业、北京、交通、工商、建设、中行和中信，下同）作为研究样本，研究期间为 2012 年度，基本数据（银行资产价值、负债价值、股本、每日股价等）取自锐思数据库。为进行各银行资产价值的分位数回归，需要得到各银行每日（t）资产价值 $V_{i,t}$（$i = 1, 2, \cdots, 10$）的观测值，由于 $V_{i,t}$ 不可观测，需根据可观测的上市银行数据进行估计。由各银行资产价值 $V_{i,t}$ 等于其负债价值 $D_{i,t}$ 与权益价值 $S_{i,t}$ 之和，即 $V_{i,t} = S_{i,t} + D_{i,t}$，估计各银行每日资产价值需两方面数据：各银行每个交易日的总股权价值和总存款价值。各银行每日股权价值等于该银行股本与当日股票收盘价的乘积。各银行每日存款价值根据该银行公布的季度资产负债表估计，假设各银行的存款价值在两个报表公布日之间均匀变化，得到每日存款变化量为季度总变化量除以季度总天数，则银行某日存款价值为银行季度初存款价值与到该日为止存款价值的总变化量之和，其中存款价值的总变化量为该日距离季度初的天数与存款价值每日变化量的乘积。

二　各银行资产短缺风险的估计结果

将各银行每日资产价值代入式（4.10），取 $\tau = 0.05$，可以通过最小化下式得到各银行资产价值对数分位数回归系数，具体回归结果见表 4 − 1。

$$\sum_{t=2}^{n} \rho_{\tau} \left[\ln V_{j,t} - \left(\beta_{0,j,\tau} + \beta_{1,j,\tau} \ln V_{j,t-1} + \sum_{i \neq j} \beta_{i,j,\tau} \ln V_{i,t} \right) \right] (j = 1, 2, \cdots, m)$$

表 4 - 1　　　　　　　　各银行资产价值分位数回归系数值

	$\beta_{0,j}$	$\beta_{j-1,j}$	$\beta_{1,j}$	$\beta_{2,j}$	$\beta_{3,j}$	$\beta_{4,j}$	$\beta_{5,j}$	$\beta_{6,j}$
Q_1	-4.169*	0.644*	—	-0.181*	0.017	0.381*	0.072	0.035
Q_2	-0.673	0.415*	-0.132**	—	-0.043	0.662*	0.271*	-0.880*
Q_3	-0.969**	0.376*	-0.167*	-0.091**	—	0.550*	-0.097*	0.048
Q_4	0.774	0.253*	0.223*	0.213*	0.304*	—	-0.061	-0.052
Q_5	-4.480*	0.317*	0.378*	0.115*	-0.082	0	—	-0.275**
Q_6	-1.674*	0.123*	0.086*	-0.318*	-0.114*	0.071	0.282*	—
Q_7	-1.955**	0.311*	0.318*	0.250*	0.525*	-0.481*	-0.102	0.237*
Q_8	2.248*	0.271*	0.166*	0.250*	0.248*	-0.195*	0.172*	0.196*
Q_9	-1.279	0.788**	-0.061	0.032	-0.565	0.758***	-0.165	0.112
Q_{10}	-0.728	0.739*	-0.151*	-0.057***	0.279*	0	0.083*	0.020
Q_{11}	-2.107*	0.258*	-0.266*	-0.129*	0.104	0.305*	0.177*	-0.021
Q_{12}	1.168	0.222*	-0.096***	0.027	-0.542*	0.093	-0.017	0.380*
Q_{13}	0.698***	0.285*	0.280*	0.171*	0.138*	-0.402*	-0.304*	-0.080***
Q_{14}	1.912	0.308*	-0.098	0.029	-0.185	0.928*	-0.362*	0.544*
	$\beta_{7,j}$	$\beta_{8,j}$	$\beta_{9,j}$	$\beta_{10,j}$	$\beta_{11,j}$	$\beta_{12,j}$	$\beta_{13,j}$	$\beta_{14,j}$
Q_1	0.012	0.221*	-0.097*	-0.146*	-0.253**	0.114	0.341*	0.190*
Q_2	0.747*	0.355*	-0.214*	-0.189***	-0.445*	0.417*	-0.160	0.373*
Q_3	0.282*	0.228*	0	-0.092*	-0.005	-0.183*	0.309*	-0.005
Q_4	-0.217*	-0.120	0.087*	0.021	0.418*	0.095	-0.403*	0.101
Q_5	-0.028	0.316*	-0.185*	0.233*	0.615*	0.691*	-0.840*	0.104
Q_6	0.452*	0.023	-0.011	0.005	0.056	0.420*	-0.347*	0.461*
Q_7	—	-0.312*	0.023	0.072	0.332*	0.089	-0.142	-0.094
Q_8	-0.097*	—	0.047*	0.071*	-0.009	-0.021	0.003	-0.289*
Q_9	0.472***	-0.150	—	0.014	-0.033	-0.034	0.249	-0.180
Q_{10}	0	0.024	-0.023	—	-0.122**	0.130	0.085	0.044
Q_{11}	0.069***	0.063	-0.052***	-0.086	—	0.031	0.588*	0.198*
Q_{12}	-0.055	0.262*	0.018	-0.070***	0.084	—	0.594*	0.002
Q_{13}	-0.075	0	-0.048*	0.202*	0.534*	0.269*	—	-0.076***
Q_{14}	0.204***	0	-0.182*	-0.231	-0.097	-0.067	0.128	—

注：表中为 $\tau = 0.05$ 时的回归结果，带 *、** 和 *** 的参数分别在 1%、5% 和 10% 的置信水平上通过显著性检验，下标 1，2，…，14 分别对应平安、宁波、浦发、华夏、民生、招商、南京、兴业、北京、交通、工商、建设、中行和中信 14 家银行。下同。

从分位数回归结果看，每家银行 t 时刻的资产价值分位数除受到本银行 t – 1 时刻资产价值的影响外，至少显著受到银行系统中其他 2—11 家银行 t 时刻资产价值的影响，且银行间资产价值的相互影响表现出非对称的特点，即当银行 i 资产价值对银行 j 资产价值的分位数产生显著影响的情况下，银行 j 资产价值对银行 i 资产价值的分位数并不必然具有显著影响。如浦发（下标为 3）资产价值对招商（下标为 6）资产的分位数具有显著影响（回归系数为 – 0.114，在 1% 的显著性水平上通过检验）；相反，招商资产价值对浦发资产价值的分位数却不具有显著影响。

取 h = 5，即将各银行资产价值的尾部概率 0.05 平分为 5 个等概率区间，利用分位数回归方法分别计算 $\tau = (0, 0.01, \cdots, 0.05)$ 情况下各银行资产价值的分位数回归系数。将求得的回归系数代入式（4.11），得到计算各银行资产短缺风险的参数估计值，具体结果见表 4 – 2。从风险的内部效应来看，各银行 t – 1 时刻的资产价值与本银行 t 时刻资产短缺风险具有负相关关系 τ 由式（4.12）可知表 4 – 2 第三列系数为正，对应的是负相关关系 τ，即各银行前一期资产价值越大，本期面临的资产短缺风险就越小。从风险的外部效应来看，银行间的风险传导效应表现出了非对称性和复杂性的特点：回归系数为负对应的银行资产价值的增加，使目标银行资产短缺风险减小，表示两银行间资产呈现一种盈亏同向变化的关系；回归系数为正的银行资产价值的增加，使目标银行资产短缺风险增加，表示两银行间资产呈现一种盈亏反向变化的关系。

取 T 为 2012 年度最后一个交易日，即将各银行 2012 年最后两个交易日（模型解释变量中含滞后一期变量）的资产价值和表 4 – 2 中参数的估计值代入式（4.12），取各银行预期短缺的参照点为 T 时刻银行的存款价值，即有 $\overline{V}_{j,T} = D_{j,T}$，计算该日银行系统中各银行总资产面临的短缺风险，具体结果见图 4 – 1。从总量上看，各银行资产短缺风险均为正，其中，总资产规模较高的国有银行（工商、建设和中行）对应的总资产短缺风险也相对较高，其中，工商最高；招商、交通和中信的总资产短缺风险在 2 万亿—4 万亿元；其余银行总资产短缺风险均在 2 万亿元以下。

　　由于各银行间资产价值和存款价值存在较大差异（特别是国有银行与非国有银行之间），以总价值衡量的资产短缺风险并不能准确反映银行间风险的差别。以各银行总资产短缺风险除以各银行总存款价值，得到单位存款对应的资产短缺风险，具体结果见图 4 - 2。宁波、华夏和南京银行单位存款对应的资产短缺风险最低，浦发、民生、中行其次，其余银行相对较高。虽然国有银行的资产短缺风险在总量上相对较高，但从单位存款对应的资产短缺风险来看，国有银行与非国有银行间不存在显著性差异。

表 4 - 2　　　　　　　各银行资产短缺风险的参数估计值

	$\theta_{0,j}$	$\theta_{j\_1,j}$	$\theta_{1,j}$	$\theta_{2,j}$	$\theta_{3,j}$	$\theta_{4,j}$	$\theta_{5,j}$	$\theta_{6,j}$
W_1	-2.715	0.470	—	-0.123	0	0.287	0	0.018
W_2	-0.304	0.297	-0.172	—	0	0.501	0.102	-0.514
W_3	-0.583	0.276	-0.130	-0.060	—	0.385	-0.068	0.041
W_4	0.573	0.164	0.153	0.148	0.230	—	-0.014	-0.009
W_5	-3.240	0.214	0.259	0.073	-0.031	0.003	—	-0.199
W_6	-0.928	0.104	0.009	-0.235	-0.011	0	0.224	—
W_7	-1.193	0.200	0.275	0.199	0.413	-0.443	-0.051	0.129
W_8	-1.346	0.175	0.120	0.173	0.118	-0.103	0.122	0.104
W_9	-3.676	0.187	0	0	0	0.537	0	0.082
W_{10}	0.195	0.515	-0.088	-0.032	0.163	0	0.049	0.043
W_{11}	-1.370	0.180	-0.186	-0.105	0.106	0.237	0.145	-0.021
W_{12}	1.634	0.163	-0.010	0.040	-0.359	0	-0.015	0.308
W_{13}	0.881	0.165	0.227	0.154	0.111	-0.356	-0.190	-0.031
W_{14}	3.194	0.162	0.121	0.226	0.072	-0.090	-0.022	0.243
	$\theta_{7,j}$	$\theta_{8,j}$	$\theta_{9,j}$	$\theta_{10,j}$	$\theta_{11,j}$	$\theta_{12,j}$	$\theta_{13,j}$	$\theta_{14,j}$
W_1	0	0.169	-0.071	-0.097	-0.157	0.021	0.235	0.078
W_2	0.482	0.334	-0.155	-0.251	-0.346	0.325	-0.017	0.244
W_3	0.201	0.160	0.003	-0.081	0	0.126	0.228	-0.008
W_4	-0.150	0	0.071	0	0.331	0.065	-0.334	0.015

续表

	$\theta_{7,j}$	$\theta_{8,j}$	$\theta_{9,j}$	$\theta_{10,j}$	$\theta_{11,j}$	$\theta_{12,j}$	$\theta_{13,j}$	$\theta_{14,j}$
W_5	−0.007	0.247	−0.128	0.158	0.409	0.488	−0.572	0.068
W_6	0.303	0.010	−0.019	0	0.009	0.272	−0.255	0.318
W_7	—	−0.231	0.008	0.048	0.279	0.061	−0.132	0
W_8	−0.023	—	0.035	0.044	0.004	−0.014	−0.034	−0.166
W_9	0.220	−0.288	—	0.051	0.084	0	0.109	0
W_{10}	0	0.023	−0.010	—	−0.074	−0.006	0.060	0
W_{11}	0.085	−0.008	−0.065	−0.036	—	0.064	0.355	0.121
W_{12}	−0.042	0.046	0.014	−0.043	0.038	—	0.352	−0.048
W_{13}	−0.062	−0.028	−0.005	0.166	0.428	0.170	—	−0.057
W_{14}	0.020	−0.436	0.003	0.048	0	0	−0.050	—

注：表中为 $\tau = 0.05$, $h = 5$ 时的估计结果，下标含义同表4−1。

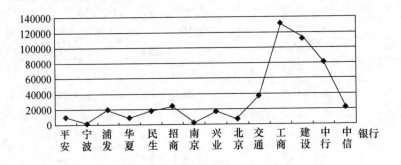

图4−1 各银行资产短缺风险

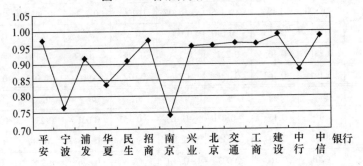

图4−2 各银行单位存款的资产短缺风险

三　存款保险的风险传导抑制效应模拟结果

取 δ = 10% 代入式（4.13），分别计算各银行 T 时刻发生风险事件资产价值一次性下降 10% 情况下，银行系统中其他银行资产短缺风险的变化情况，具体结果见图 4 - 3。平安、工商和华夏三家银行资产价值减小 10% 引起其他银行资产短缺风险的变化相对较大；宁波、民生、建设和中行资产价值减小 10% 造成的影响其次；其他银行资产价值减小 10% 造成的影响相对较小。

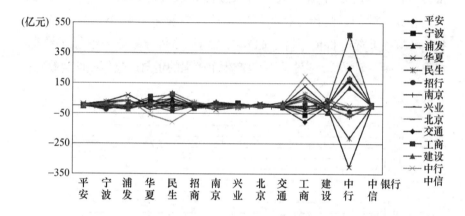

图 4 - 3　风险事件发生前后各银行资产短缺风险的变化

将 T 时刻各银行资产短缺风险的变化量相加，得到银行系统总风险传导效应的大小，具体结果见图 4 - 4。各银行资产价值分别减小 10% 情况下，T 时刻银行系统总风险传导效应的大小不同：除华夏、民生、招商和北京银行外，其他银行资产价值的减小均产生正向风险传导效应，即使 T 时刻系统总资产短缺风险增大，其中，工商银行产生的影响最大；华夏、民生、招商和北京银行资产价值的减小产生负向风险传导效应，即使 T 时刻系统总资产短缺风险略减小，可能的原因是这四家银行与银行系统中较多银行处于竞争关系，因此这两家银行资产价值的减少使系统中较多银行资产的短缺风险相应减小，产生负的风险传导效应。

将 δ = （0.1，0.2，…，0.5）代入式（4.14）、式（4.16），分

别求得不同银行发生风险事件情况下投保前后银行间风险传导效应的
大小，图4-5是以交通银行资产价值下降10%为例的计算结果。当
风险事件引起银行资产价值下降比例较小时（10%、20%），投保前
后银行间风险传导效应相同；当风险事件冲击较大，引起银行资产价
值发生大比例下降时（超过20%），购买存款保险能够将银行间的风
险传导效应控制在一定范围内，使得银行系统内其他银行的资产短缺
风险不再随出险银行资产价值的进一步下降而增加。针对所有14家
银行，将求得的投保前后银行间风险传导效应的值代入式（4.17），
得到存款保险的风险传导抑制效应，具体结果见图4-6。对照图4-
4可知，对于资产价值下降引起较高正向风险传导效应的银行（平安、
浦发、工商、建设），存款保险也产生了较强的正向风险传导抑制效应；

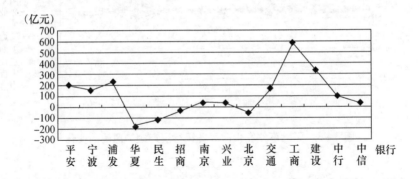

图4-4 风险事件发生前后系统总短缺风险的变化

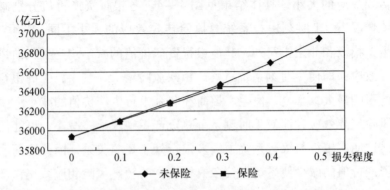

图4-5 购买存款保险前后系统总短缺风险的变化

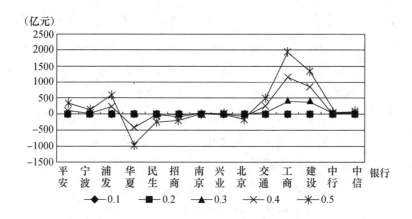

图 4 - 6　存款保险的风险传导抑制效应

对于产生负向风险传导效应的银行（华夏、民生、招商、北京），存款保险产生了负向风险传导抑制效应。总体来看，存款保险的正向风险传导抑制效应强于负向风险传导抑制效应，且存款保险的风险传导抑制效应与风险事件影响程度正相关。

综上所述，本章基于分位数回归模型，以银行资产价值的预期短缺 ES 作为度量银行风险的指标，度量了存款保险制度对银行系统危机期间风险传导的抑制效应，包括对单个银行系统风险贡献度的度量、风险传导机制的刻画以及投保存款保险对系统总短缺风险的影响。实证分析我国上市银行间的风险传导效应，并通过模拟分析计算购买存款保险前后银行间风险传导效应的变化，以此作为度量存款保险风险传导抑制效应的指标。本章建立的模型可以刻画各银行资产价值变动对银行系统总短缺风险的影响，进而度量存款保险产生的风险传导抑制效应，弥补了现有国内研究缺乏相关量化模型的不足。

基本结论如下：

（1）银行间的风险传导效应具有非对称性特点，即当银行 i 资产价值对银行 j 资产价值的分位数产生显著影响的情况下，银行 j 资产价值对银行 i 资产价值的分位数并不具有显著影响。

（2）从风险的内部效应来看，银行资产短缺风险与本银行滞后一期资产价值表现出负相关关系；从风险的外部效应来看，银行间的风险传导效应表现出了非对称性和复杂性的特点，即部分银行间资产呈现盈亏同向变化的关系，部分银行间资产呈现盈亏反向变化的关系。

（3）均衡状态下，各银行资产短缺风险存在差异。从总量来看，国有银行相对于非国有银行的资产短缺风险更高，从单位存款对应的资产短缺风险来看，宁波、华夏和南京银行最低，浦发、民生、中行其次，其余银行相对较高。

（4）各银行出现风险事件对系统总短缺风险的影响不同。华夏、民生、招商和北京银行资产价值的减小产生负向风险传导效应，其他银行资产价值的减小均产生正向风险传导效应，其中交通银行出现风险事件的正向风险传导效应最大，招商、工商和中行其次。

（5）当风险事件冲击较大时，购买存款保险能够将银行间的风险传导效应控制在一定范围内，且存款保险的风险传导抑制效应与风险事件引起系统风险的变化程度呈正相关关系。

第五章 基于前景理论的存款保险风险 激励效应分析

第一节 引言

本书第三章、第四章从不同角度度量了存款保险制度的正面效应，本章从风险激励的角度度量存款保险制度可能对银行带来的负面效应。2008 年金融危机过后，为增强存款人信心，很多国家和地区大幅度提高存款保险覆盖范围，如 FDIC 将每位存款人单一账户的最大保险限额由 10 万美元增加至 25 万美元，日本政府规定存款保险由每位存款人限额 1 亿日元的部分保险制度变更为全额保险制度。存款保险保障程度的提高一方面进一步降低了金融机构的经营风险，增强了存款保险的稳定效应；另一方面购买存款保险后，由于部分存款偿还风险被保险机构承担，金融机构可能随之加大信贷投资风险，即存款保险制度的风险激励效应可能在一定程度上被激化。[1][2]

关于存款保险制度对金融体系产生的风险规避效应，很多学者从不同角度进行了论证。由于研究样本和研究方法的不同，存款保险制

---

① Duan, J. C., Moreau, A. F. and Sealey, C. W., Fixed – rate deposit insurance and risk – shifting behavior at commercial banks [J]. *Journal of Banking & Finance*, 1992, 16 (4), pp. 715 – 742.

② Hovakimian, A. and Kane, E., Effectiveness of capital regulation at U.S. commercial banks, 1985 to 1994 [J]. *Journal of Finance*, 2000, 55, pp. 451 – 468.

度的风险激励效应研究结论并不一致。Mbarek 等（2011）[①] 实证分析了突尼斯存款保险制度，认为银行通过调整其自有资本以应对资产风险的变化，实证分析结果并不支持样本银行存在风险转移行为。Wagster 等（2007）[②③] 实证分析了存款保险制度对银行和信托公司的影响，结果表明存款保险明显增加了金融机构的信贷投资风险。Angkinand 等（2010）[④] 实证分析了存款保险承保范围与银行风险追逐行为之间的关系，认为"存在最优承保比例使银行的道德风险行为得以控制"。事实上，存款保险的风险规避效应和风险激励效应是同时存在的，Chernykh 等（2011）[⑤] 实证分析了存款保险对金融系统的双重效应，发现存款保险能有效提高金融系统效率，减轻对国有银行的依赖，尤其对地区银行或小银行作用显著，但同时具有显著的风险激励效应。

存款保险制度的双重效应反映了购买存款保险前后金融机构投资行为的变化，而目前实证研究多以公司治理结构、所有制、股东/债权人比例等客观指标，作为衡量金融机构主观决策行为的代理变量，忽略了对决策过程本身的刻画。期望效用理论是主流经济学研究决策行为的代表理论，以理性决策为基础，尽管它对不确定决策提出了一系列可供人们深入研究的分析范式，但它不能有效地解释人类行为，

① Mbarek, L. , Hmaied, D. M. , Deposit Insurance and Bank Risk – shifting Incentives: Evidence from the Tunisian Banking System [J]. *Journal of Money, Investment & Banking*, 2011, 20: 41 –53.

② Wagster, J. D. , Wealth and risk effects of adopting deposit insurance in Canada: evidence of risk shifting by banks and trust companies [J]. *Journal of Money, Credit and Banking*, 2007, 39 (7): 1651 –1681.

③ Ioannidou, V. P. , Penas, M. F. , Deposit Insurance and Bank Risk – Taking: Evidence from Internal Loan Ratings [J]. *Journal of Financial Intermediation*, 2010, 19 (1), pp. 95 – 115.

④ Angkinand, A. , Banking regulation and the output cost of banking crises [J]. *Journal of International Financial Markets, Institutions and Money*, 2009, 19, pp. 240 –257.

⑤ Chernykh, L. and Cole, R. A. , Does deposit insurance improve financial intermediation? Evidence from the Russian experiment [J]. *Journal of Banking & Finance*, 2011, 35, pp. 388 – 402.

尤其是不能解释金融市场中的选择行为。[①] 2002 年诺贝尔经济学奖的获得者 Kahneman 从决策行为的有限理性出发提出了挑战期望效用理论的前景理论，实证研究表明，前景理论更符合行为人的真实决策行为。[②]

本书基于前景理论，测算存款保险对银行经营风险的缓释程度，以及购买存款保险后银行信贷风险的变化程度，以此作为度量存款保险风险激励效应的指标，试给出一种衡量存款保险双重效应的模型，并对该模型进行了模拟分析。

第二节　存款保险风险激励效应模型

一　模型假设

①银行负债全部来源于存款，银行为其存款购买存款保险，投保比例为 β，保险期限与存款期限相同，为 0 – T 时期。

②在 0 – T 期间内银行总资产价值满足：

$$V(t) = V_1(t) + V_2(t) \tag{5.1}$$

式中，$V_2(t)$ 为流动性资产价值，$V_1(t)$ 为包括固定资产及信贷资产在内的其他资产价值（以下简称银行信贷资产价值），银行保持一定水平的流动性资产以应对可能发生的流动性危机。[③] 时刻银行资产价值满足：

$$V(0) = V_1(0) + V_2(0)^- \tag{5.2}$$

$$V_2(0)^+ = V_2(0)^- - h\beta D(0) \tag{5.3}$$

式中，$V_2(0)^-$ 为期初缴纳存款保险保费之前银行的流动性资产价

---

①　张维、张海峰、张永杰、熊熊：《基于前景理论的波动不对称性》，《系统工程理论与实践》2012 年第 3 期。

②　池丽旭、庄新田：《投资者的非理性行为偏差与止损策略》，《管理科学学报》2011年第 10 期。

③　Imai, M. and Takarabe, S., Transmission of liquidity shock to bank credit: Evidence from the deposit insurance reform in Japan [J]. *Journal of the Japanese and International Economies*, 2011, 25, pp. 143 – 156.

值，h 为以单位存款计算的存款保险费率，$V_2(0)^+$ 为期初缴纳保费后银行的流动性资产价值。为表述方便，下文以 $V_2(0)$ 代替 $V_2(0)^+$。

③在 0 - T 期间可能出现风险事件致使存款人产生不安情绪[1][2]，进而集中提款造成银行产生存款流失现象，假设存款流失率 θ 与存款保险投保比例 β 之间满足：

$$\theta(\beta) = \gamma_1 e^{-\gamma_2 \beta} \tag{5.4}$$

式中，$0 < \gamma_1 < 1$ 为银行不购买存款保险情况下的存款流失率，$\gamma_2 > 0$ 为存款保险投保比例对存款流失率的影响系数。

④出现存款流失现象情况下，当银行流动性资产足以支付流失存款，银行不出现流动性危机，持续经营至 T 时刻；相反，当银行流动性资产不足以支付流失存款，银行出现流动性危机，被迫进入破产清算阶段。

⑤不出现流动性危机情况下，银行信贷资产价值满足[3][4]：

$$V_1(t) = x(t)y(t) \tag{5.5}$$

式中，$x(t)$ 为银行信贷资产的特质因素，满足：

$$dx(t) = \mu x(t)dt + \sigma x(t)dw(t), \ x(0) = V_1(0) \tag{5.6}$$

式中，μ 为正常经济形势下银行信贷资产的即时收益率，σ 为即时收益率的波动率，$w(t)$ 为布朗运动。$y(t)$ 表征了经济形势对银行信贷资产的影响，满足：

$$y(t) = \kappa^{Q(t,\lambda)}, \ y(0) = 1 \tag{5.7}$$

式中，$Q(t, \lambda)$ 独立于 $dw(t)$，是的强度为 λ 的泊松过程，$\kappa > 0$ 代表经济形势跳变的幅度。

⑥不出现流动性危机情况下，银行负债价值和流动资产价值分别

① Goedde - Menke, M., Langer, T., Pfingsten, A., Impact of the financial crisis on bank run risk - Danger of the days after [J]. *Journal of Banking & Finance*, 2014, 40, pp. 522 - 533.

② Weber, M., Weber, E. U. and Nosic, A., Who takes risks when and why: Determinants of changes in investor risk taking [J]. *Review of Finance*, 2012, 17, pp. 847 - 883.

③ Hackbarth, D., Miao, J. and Morellec, E., Capital structure, credit risk and macroeconomic conditions [J]. *Journal of Financial Economics*, 2006, 82, pp. 519 - 550.

④ Emilio, B. and Luca, D. V. and Countercyclical contingent capital [J]. *Journal of Banking & Finance*, 2012, 36, pp. 1688 - 1709.

满足：

$$D(t) = D(0)e^{r_f t} \cdot (1-\theta)^{Q(t,\lambda)}, \quad V_2(t) = V_2(0)e^{r_f t} - [D(0)e^{r_f t} - D(0)e^{r_f t}(1-\theta)^{Q(t,\lambda)}]$$

$$(5.8)$$

式中，r_f 为无风险利率，在不影响结论前提下，为方便计算假设银行存款利率等于无风险利率。正常经济形势下，银行负债价值和流动资产价值均以 r_f 的利率增值，每出现一次风险事件，引起存款价值以 θ 的比例流失，发生 $Q(t,\lambda)$ 次风险事件后银行负债价值变为、$D(0)e^{r_f t} \cdot (1-\theta)^{Q(t,\lambda)}$。以不发生风险事件的状态衡量，总负债减值额为：$D(0)e^{r_f t} - D(0)e^{r_f t}(1-\theta)^{Q(t,\lambda)}$，而这部分流失存款需银行流动资产支付，因此，银行流动资产价值变为：$V_2(0)e^{r_f t} - [D(0)e^{r_f t} - D(0)e^{r_f t}(1-\theta)^{Q(t,\lambda)}]$。

⑦银行出现流动性危机进行清算条件下，信贷资产被迫强制变现，因而会产生较大的破产成本，假设破产成本为清算前银行信贷资产价值的 $\omega(0<\omega<1)$ 倍。若流动性危机发生在 τ 时刻，清算后银行信贷资产价值为：

$$V_1(\tau)^+ = (1-\omega)V_1(\tau)^-$$

$$(5.9)$$

式中，$V_1(\tau)^-$ 为 τ 时刻清算前银行信贷资产的价值，服从式（5.5）的过程。

二 银行权益价值的推导

购买存款保险可能对银行产生两方面影响：一方面，存款保险制度能够提升存款人信心，在一定程度上增强银行抵御风险冲击的能力，进而增加银行的权益价值；另一方面，保险期初保费的支付减少了银行资产价值，从而可能降低银行的权益价值。考虑两方面的共同作用，本节首先推导购买存款保险后银行权益价值的表达式。

银行在期初 0 时刻投保比例为 β 情况下，选择持有流动性资产的价值 $V_2(0)$，由式（5.4）得到每次风险事件发生时银行面临的存款流失率 $\theta(\beta)$，将 $V_2(0)$ 和 $\theta(\beta)$ 代入式（5.8）得到：

$$V_2(t) = V_2(0)e^{r_f t} - D(0)e^{r_f t}\{1 - [1-\theta(\beta)]^{Q(t,\lambda)}\}$$

$$(5.10)$$

当流动资产价值 $V_2(t) \geq 0$ 时，银行不会出现流动性危机。由式

（5.10）得到银行不出现流动性危机的条件为：

$$[1 - \theta(\beta)]^{Q(t,\lambda)} \geq 1 - \frac{V_2(0)}{D(0)} \tag{5.11}$$

因此，银行在不出现流动性危机情况下，能够抵御风险事件冲击的次数 N 可表示为：

$$N[\beta, V_2(0)] = J \left| \left\{ [1 - \theta(\beta)]^J \leq 1 - \frac{V_2(0)}{D(0)} \text{ 且 } [1 - \theta(\beta)]^{J+1} > \right. \right.$$

$$\left. \left. 1 - \frac{V_2(0)}{D(0)}, J \in \{j\} \right\} \right. \tag{5.12}$$

式中，j 为 $Q(t, \lambda)$ 的可能取值，$\{j\}$ 为非负整数集合。

当 $0 - T$ 期间风险事件发生次数 $Q(T, \lambda) \leq N$ 时，银行流动性资产足以支付流失存款，银行在 $0 - T$ 期间并不会因为流动性危机而被迫破产清算，银行将持续经营至时刻 T。因此 T 时刻银行信贷资产价值 $V_1(T)$ 服从式（5.4）的过程，流动资产价值 $V_2(T)$ 和负债价值 $D(T)$ 服从式（5.8）的过程。风险事件发生 $j(j \leq N)$ 次的情况下，T 时刻银行的权益价值为：

$$S(T) \Big|_{Q(T,\lambda) = j(j \leq N)} = \begin{cases} V_1(T) + V_2(T) - D(T), & V_1(T) \geq D(T) - V_2(T) \\ 0, & V_1(T) < D(T) - V_2(T) \end{cases}$$

$$= \begin{cases} x(T)\kappa^j + V_2(0)e^{r_f t} - D(0)e^{r_f t}[1 - (1 - \theta)^j] - D(0)e^{r_f t}(1 - \theta)^j, \\ \qquad\qquad x(T)\kappa^j \geq [D(0) - V_2(0)]e^{r_f t} \\ 0, \qquad\qquad x(T)\kappa^j < [D(0) - V_2(0)]e^{r_f t} \end{cases}$$

$$= \kappa^j \cdot \begin{cases} x(T) - \dfrac{[D(0) - V_2(0)]e^{r_f t}}{\kappa^j}, & x(T) \geq \dfrac{[D(0) - V_2(0)]e^{r_f t}}{\kappa^j} \\ 0, & x(T) < \dfrac{[D(0) - V_2(0)]e^{r_f t}}{\kappa^j} \end{cases}$$

因此，银行在 0 时刻的权益价值相当于以 x(T) 为标的资产，执行价格为 $\{[D(0) - V_2(0)]e^{r_f T}\}/\kappa^j$ 的欧式看涨期权价格的 κ^j 倍，根据默顿看涨期权定价公式，有：

$$S(0) \Big|_{Q(T,\lambda) = j(j \leq N)} = \kappa^j \{V_1(0)N(m_{1j}) - [D(0) - V_2(0)]/\kappa^j N(m_{2j})\}$$

$$= \kappa^{j} V_1(0) N(m_{1,j}) - [D(0) - V_2(0)] N(m_{2,j})$$

$$(5.13)$$

式中，$m_{1,j} = [\ln(V_1(0) / [D(0) - V_2(0)]) + j\ln\kappa + (\sigma^2/2) T] / (\sigma \sqrt{T})$，$m_{2,j} = m_{1,j} - \sigma \sqrt{T}$。

当 0 - T 期间风险事件发生次数 $Q(T, \lambda) > N$ 时，在第 N + 1 次风险事件发生的 τ 时刻，银行的流动性资产将不足以支付流失的存款，银行将在 τ 时刻面临破产清算。τ 时刻其信贷资产价值服从式（5.9）的过程，流动资产价值和负债价值服从 $Q(T, \lambda) = N$ 时式（5.8）的过程。风险事件发生 $j(j > N)$ 次的情况下，τ 时刻银行权益价值为：

$$S(\tau) \Big|_{Q(T,\lambda)=j(j>N)} = \begin{cases} V_1(\tau)^+ + V_2(\tau) - D(\tau), & V_1(\tau)^+ \geq D(\tau) - V_2(\tau) \\ 0, & V_1(\tau) < D(\tau) - V_2(\tau) \end{cases}$$

$$= \begin{cases} (1 - \omega) x(\tau) \kappa^{N+1} - [D(0) - V_2(0)] e^{r_f t}, \\ \qquad x(\tau) \geq [D(0) - V_2(0)] e^{r_f t} / [(1 - \omega) \kappa^{N+1}] \\ 0, \ x(\tau) < [D(0) - V_2(0)] e^{r_f t} / [(1 - \omega) \kappa^{N+1}] \end{cases}$$

$$= (1 - \omega) \kappa^{N+1} \begin{cases} x(\tau) - \dfrac{[D(0) - V_2(0)] e^{r_f \tau}}{(1 - \omega) \kappa^{N+1}}, \\ \qquad x(\tau) \geq [D(0) - V_2(0)] e^{r_f t} / [(1 - \omega) \kappa^{N+1}] \\ 0, \ x(\tau) < [D(0) - V_2(0)] e^{r_f t} / [(1 - \omega) \kappa^{N+1}] \end{cases}$$

因此，τ 时刻发生风险事件情况下银行在 0 时刻的权益价值相当于以 $x(\tau)$ 为标的资产，执行价格为 $\{[D(0) - V_2(0)] e^{r_f \tau}\} / [(1 - \omega) \kappa^{N+1}]$ 的欧式看涨期权价格的 $(1 - \omega) \kappa^{N+1}$ 倍，根据默顿的看涨期权定价公式，有：

$$\begin{aligned} S(0) \Big|_{Q(T,\lambda)=j(j>N)} (\tau) &= (1 - \omega) \kappa^{N+1} \{ V_1(0) N(m_{3,\tau}) \\ &\quad - [D(0) - V_2(0)] / [(1 - \omega) \kappa^{N+1}] N(m_{4,\tau}) \} \\ &= (1 - \omega) \kappa^{N+1} V_1(0) N(m_{3,\tau}) \\ &\quad - [D(0) - V_2(0)] N(m_{4,\tau}) \end{aligned}$$

$$(5.14)$$

式中，$m_{3,\tau} = [\ln(V_1(0) / [D(0) - V_2(0)]) + \ln[(1 - \omega) \kappa^{N+1}] + (\sigma^2/2) \tau] / (\sigma \sqrt{\tau})$，$m_{4,\tau} = m_{3,\tau} - \sigma \sqrt{\tau}$。由式（5.14）可知，

$S(0) \mid_{Q(T,\lambda)=j(j>N)}(\tau)$ 与风险事件发生时刻 τ 相关。由于 $0-T$ 期间任何时刻发生风险事件的强度相同，在共发生 $j(j>N)$ 次风险事件情况下，不妨设第 l 次风险事件发生在 $[(l-1)T/j, \ lT/j]$ 时期内，且发生时刻在区间 $[(l-1)T/j, \ lT/j]$ 内服从均匀分布。因此第 $N+1$ 次风险事件发生的时间变量 τ 在 $[NT/j, \ (N+1)T/j]$ 区间服从均匀分布，变量 τ 的密度函数 $g(\tau) = T/(2j)$（由于发生 N 次以上风险事件概率很小，关于 τ 分布的假设对计算结果影响不大）。记 $S(0) \mid_{Q(T,\lambda)=j(j>N)}(\tau) = G(\tau)$，则此情形下银行在 0 时刻的权益价值为关于变量 τ 的积分：

$$S(0) \mid_{Q(T,\lambda)=j(j>N)} = \int_{NT/j}^{(N+1)T/j} G(\tau) \times \frac{T}{2j} d\tau \qquad (5.15)$$

构造函数 $H(z) = \int_{NT/j}^{z} G(\tau) \frac{T}{2j} d\tau$，有 $H'(z) = \frac{T}{2j}G(z)$，$H''(z) = \frac{T}{2j}G'(z)$。将函数 $H(z)$ 按泰勒级数展开：

$$H(z) = H(NT/j) + H'(NT/j)(z-NT/j) + \frac{H''(NT/j)(z-NT/j)^2}{2} + \cdots$$
$$= \frac{T}{2j}G(NT/j)(z-NT/j) + \frac{T(z-NT/j)^2}{4j}G'(NT/j) + \cdots$$
$$(5.16)$$

省略二阶导数以后各项，由式（5.15）得到：

$$S(0) \mid_{Q(T,\lambda)=j(j>N)} = H[(N+1)T/j] \approx \frac{T^2}{2j^2}G(NT/j) + \frac{T^3}{4j^3}G'(NT/j)$$
$$(5.17)$$

$G(NT/j)$ 和 $G'(NT/j)$ 的推导如下：

由式（5.14）可知：

$$G(NT/j) = S_L(0) \mid_{Q(T,\lambda)=j}(NT/j)$$
$$= (1-\omega)\kappa^{N+1} \times V_1(0)N(m_{3,NT/j})$$
$$- [D(0) - V_2(0)]N(m_{4,NT/j}) \qquad (5.18)$$

式中，$m_{3,NT/j} = [\ln(V_1(0)/[D(0)-V_2(0)]) + \ln[(1-\omega)\kappa^{N+1}]$
$+ (\sigma^2/2)NT/j]/(\sigma\sqrt{NT/j})$，$m_{4,NT/j} = m_{3,NT/j} - \sigma\sqrt{NT/j}$。

同样，由式（5.14）得到：

$$G'(\tau) = (1-\omega)\kappa \times V_1(0)f(m_{3,\tau})\frac{dm_{3,\tau}}{d\tau}$$

$$[D(0) - V_2(0)]f(m_{4,\tau})\frac{dm_{4,\tau}}{d\tau} \tag{5.19}$$

式中，$f(\cdot)$ 为标准正态分布的密度函数，有：

$$f(m_{3,\tau}) = \frac{e^{-m_{3,\tau}/2}}{\sqrt{2\pi}}, \quad f(m_{4,\tau}) = \frac{e^{-m_{4,\tau}/2}}{\sqrt{2\pi}} \tag{5.20}$$

由 $m_{3,\tau} = \{\ln(V_1(0)/[D(0)-V_2(0)]) + \ln[(1-\omega)\kappa^{N+1}] + (\sigma^2/2)\tau\}/(\sigma\sqrt{\tau})$，$m_{4,\tau} = m_{3,\tau} - \sigma\sqrt{\tau}$ 得到：

$$\frac{dm_{3,\tau}}{d\tau} = \frac{\frac{\sigma^2}{2}\sigma\sqrt{\tau} - \frac{1}{2\sqrt{\tau}}\sigma\{\ln(V_1(0)/[D(0)-V_2(0)]) + \ln[(1-\omega)\kappa^{N+1}] + (\sigma^2/2)\tau\}}{\sigma^2\tau}$$

$$= \frac{\sigma}{4}\tau^{-\frac{1}{2}} - \frac{1}{2\sigma}\tau^{-\frac{3}{2}}\{\ln(V_1(0)/[D(0)-V_2(0)]) +$$

$$\ln[(1-\omega)\kappa^{N+1}]\}\frac{dm_{4,\tau}}{d\tau}$$

$$= \frac{-\frac{\sigma^2}{2}\sigma\sqrt{\tau} - \frac{1}{2\sqrt{\tau}}\sigma[\ln(V_1(0)/[D(0)-V_2(0)]) + \ln[(1-\omega)\kappa^{N+1}] - (\sigma^2/2)\tau]}{\sigma^2\tau}$$

$$= -\frac{\sigma}{4}\tau^{-\frac{1}{2}} - \frac{1}{2\sigma}\tau^{-\frac{3}{2}}[\ln(V_1(0)/[D(0)-V_2(0)]) +$$

$$\ln[(1-\omega)\kappa^{N+1}]] \tag{5.21}$$

将式（5.20）、式（5.21）代入式（5.19），得到：

$$G'(\tau) = (1-\omega)\kappa \cdot V_1(0)\frac{e^{-m_{3,\tau}/2}}{\sqrt{2\pi}}$$

$$\left\{\frac{\sigma}{4}\tau^{-\frac{1}{2}} - \frac{1}{2\sigma}\tau^{-\frac{3}{2}}[\ln(V_1(0)/[D(0)-V_2(0)]) + \ln[(1-\omega)\kappa^{N+1}]]\right\} -$$

$$[D(0) - V_2(0)]\frac{e^{-m_{4,\tau}/2}}{\sqrt{2\pi}}$$

$$\left\{-\frac{\sigma}{4}\tau^{-\frac{1}{2}} - \frac{1}{2\sigma}\tau^{-\frac{3}{2}}[\ln(V_1(0)/[D(0)-V_2(0)]) + \ln[(1-\omega)\kappa^{N+1}]]\right\} \tag{5.22}$$

将 $\tau = NT/j$ 代入式（5.22），可得 $G'(NT/j)$。

综合两种情况，由式（5.13）、式（5.17）得到银行在 0 时刻的权益价值可表示为：

$$S(0) \mid_{Q(T,\lambda)=j} = \begin{cases} \kappa^j V_1(0) N(m_{1,j}) - [D(0) - V_2(0)] N(m_{2,j}), & j \leqslant N \\ \dfrac{T^2}{2j^2} G(NT/j) + \dfrac{T^3}{4j^3} G'(NT/j), & j > N \end{cases}$$

(5.23)

三 银行权益价值的前景值

关于前景理论基础内容的介绍[①][②]，参见本书第二章第二节第三小节。由于指数效用函数具有良好的性质，本章选取的价值函数为分段指数价值函数[③]，如式（5.24）所示：

$$u(x) = \begin{cases} 1 - e^{-\xi_1 x}, & x \geqslant 0 \\ -\eta(1 - e^{\xi_2 x}), & x < 0 \end{cases}$$

(5.24)

式中，x 为相对损益，$\xi_1 > 0$ 为收益区域对应的风险规避系数，$\xi_2 > 0$ 为损失区域对应的风险喜好系数，$\eta > 1$ 为损失规避系数。文献 [136][④] 和文献 [137][⑤] 在研究了若干概率权重函数之后，认为普雷勒克的单参数概率权重函数可以较好地拟合实验结果。因此本章选取普雷勒克概率权重函数作为衡量主观概率的函数，即：

$$W(P) = \exp[-(-\ln P)^\varphi]$$

(5.25)

式中，φ 为曲率系数，反映主观概率对客观概率感知的非线性程度。

银行对于其信贷投资收益率及波动率水平拥有相对完备的信息，进而对于其不同经济形势下权益价值的估计相对客观（对应第五章第二节第二小节权益价值的计算均使用客观概率）。然而经济形势是复杂而多变的，因此不同银行对于宏观经济形势的判断可能带有其主观

---

① Levy, H., Wiener, Z., Prospect theory and utility theory: Temporary versus permanent attitude toward risk [J]. *Journal of Economics and Business*, 2013, 68, pp. 1 – 23.

② Li, Y. and Yang, L. Y., Prospect theory, the disposition effect, and asset prices [J]. *Journal of Financial Economics*, 2013, 107 (3), pp. 715 – 739.

③ Mattosa, F., Garciaa, P. and Pennings, J., Probability weighting and loss aversion in futures hedging [J]. *Journal of Financial Markets*, 2008, 11, pp. 433 – 452.

④ Gonzalez, R. and Wu, G., On the shape of the probability weighting function [J]. *Cognitive Psychology*, 1999, 38, pp. 129 – 166.

⑤ Stott, H. P., Cumulative prospect theory's functional menagerie [J]. *Journal of Risk and Uncertainty*, 2006, 32, pp. 101 – 130.

信念，进而在宏观形势不确定条件下（j 不确定），银行对于其权益价值的估计和判断也会产生一定的偏差。本节应用前景理论度量银行主观信念下权益价值的前景值。

本节选取分段指数型价值函数，因此在确定银行相对损益时，对银行各情形下相应的权益价值取对数，可以在不影响结果的前提下有效简化模型。令极端事件发生 j 次的情形下，银行的相对损益 $x_j = \ln[S(0)|_{Q(T,\lambda)=j}] - \ln\hat{S}$，式中，$\hat{S}$ 为银行度量损益的参照点。由式（5.23）、式（5.24）和式（5.25）得到银行 0 时刻权益价值的前景值为：

$$
\begin{aligned}
\pi[S(0)] &= \sum_{j=0}^{N} u\{\ln[S(0)|_{Q(T,\lambda)=j(j\leqslant N)}] - \ln\hat{S}\} W\{\Pr[Q(T,\lambda)=j]\} + \\
&\quad \sum_{j=N+1}^{+\infty} u\{\ln[S(0)|_{Q(T,\lambda)=j(j>N)}] - \ln\hat{S}\} W\{\Pr[Q(T,\lambda)=j]\} \\
&= \sum_{j=0}^{N} u\{\ln[S(0)|_{Q(T,\lambda)=j(j\leqslant N)}] - \ln\hat{S}\} \cdot \exp\left[-\left(-\ln\frac{\lambda^j e^{-\lambda}}{j!}\right)^{\varphi}\right] + \\
&\quad \sum_{j=N+1}^{+\infty} u\{\ln[S(0)|_{Q(T,\lambda)=j(j>N)}] - \ln\hat{S}\} \cdot \exp\left[-\left(-\ln\frac{\lambda^j e^{-\lambda}}{j!}\right)^{\varphi}\right]
\end{aligned}
$$

$$(5.26)$$

式中，

$u\{\ln[S(0)|_{Q(T,\lambda)=j(j\leqslant N)}] - \ln\hat{S}\}$

$$
= \begin{cases}
1 - \exp\left\{-\xi_1\left(\ln\dfrac{\kappa^j V_1(0)N(m_{1,j}) - [D(0)-V_2(0)]N(m_{2,j})}{\hat{S}}\right)\right\}, \\
\qquad S(0)|_{Q(T,\lambda)=j(j\leqslant N)} \geqslant \hat{S} \\
-\eta\left\{1 - \exp\left[\xi_2\left(\ln\dfrac{\kappa^j V_1(0)N(m_{1,j}) - [D(0)-V_2(0)]N(m_{2,j})}{\hat{S}}\right)\right]\right\}, \\
\qquad S(0)|_{Q(T,\lambda)=j(j\leqslant N)} < \hat{S}
\end{cases}
$$

$$= \begin{cases} 1 - \left(\dfrac{\kappa^j V_1(0) N(m_{1,j}) - [D(0) - V_2(0)] N(m_{2,j})}{\hat{S}} \right)^{-\xi_1}, \\ S(0) \mid_{Q(T,\lambda)=j(j \leqslant \dot{N})} \geqslant \hat{S} \\ -\eta \left[1 - \left(\dfrac{\kappa^j V_1(0) N(m_{1,j}) - [D(0) - V_2(0)] N(m_{2,j})}{\hat{S}} \right)^{\xi_2} \right], \\ S(0) \mid_{Q(T,\lambda)=j(j \leqslant N)} < \hat{S} \end{cases}$$

同理，有：

$$u\{ \ln [S(0) \mid_{Q(T,\lambda)=j=(j>N)}] - \ln \hat{S} \}$$

$$= \begin{cases} 1 - \left(\dfrac{\dfrac{T^2}{2j^2} G(NT/j) + \dfrac{T^3}{4j^3} G'(NT/j)}{\hat{S}} \right)^{-\xi_1}, & S(0) \mid_{Q(T,\lambda)=j(j \leqslant N)} \geqslant \hat{S} \\ -\eta \left[1 - \left(\dfrac{\dfrac{T^2}{2j^2} G(NT/j) + \dfrac{T^3}{4j^3} G'(NT/j)}{\hat{S}} \right)^{\xi_2} \right], & S(0) \mid_{Q(T,\lambda)=j(j \leqslant N)} \geqslant \hat{S} \end{cases}$$

四 存款保险费率的确定

当银行投保存款保险后，在 0 – T 期间出现流动性危机的概率大大下降。投保比例大于 50% 情况下，银行可至少抵御两次风险事件的冲击，而 0 – T 期间出现两次以上风险事件的概率小于 0.00002（参见第五章第三节第二小节）。为方便存款保险费率的计算，假设银行购买存款保险后在 0 – T 期间不会出现流动性危机，因此保险机构在保险期末 T 时刻对银行进行审查。可得 T 时刻存款机构的支付额为：

$$L(T) = \begin{cases} 0, \quad V_1(T) + V_2(T) \geqslant D(0) e^{r_f t} \\ D(0) e^{r_f t} - [V_1(T) + V_2(T)], \\ (1-\beta) D(0) e^{r_f t} \leqslant V_1(T) + V_2(T) < D(0) e^{r_f t} \\ \beta D(0) e^{r_f t}, \quad V_1(T) + V_2(T) < (1-\beta) D(0) e^{r_f t} \end{cases}$$

$$= \begin{cases} 0, \quad V_1(T) \geqslant [D(0) - V_2(0)] e^{r_f t} \\ [D(0) - V_2(0)] e^{r_f t} - V_1(T), \quad [(1-\beta) D(0) - V_2(0)] \\ e^{r_f t} \leqslant V_1(T) < [D(0) - V_2(0)] e^{r_f t} \\ \beta D(0) e^{r_f t}, \quad V_1^{\cdot}(T) < [(1-\beta) D(0) - V_2(0)] e^{r_f t} \end{cases} \tag{5.27}$$

进一步地，可写为：

$$L(T) = \{[D(0) - V_2(0)]e^{r_f t} - V_1(T)\} \times \{I(V_1(T) < [D(0) -$$

$$V_2(0)]e^{r_f t}) - I(V_1(T) < [(1-\beta)D(0) - V_2(0)]e^{r_f t})\} + \beta D(0)e^{r_f t} \times$$

$$I\{V_1(T) < [(1-\beta)D(0) - V_2(0)]e^{r_f t}\} = \{[D(0) - V_2(0)]e^{r_f t} -$$

$$V_1(T)\} \times I\{V_1(T) < [D(0) - V_2(0)]e^{r_f t}\} - \{[(1-\beta)D(0) - V_2(0)]$$

$$e^{r_f t} - V_1(T)\} \times I\{V_1(T) < [(1-\beta)D(0) - V_2(0)]e^{r_f t}\} \qquad (5.28)$$

式中，$I(\cdot)$ 为示性函数，当括号内条件成立时，$I(\cdot) = 1$，否则 $I(\cdot) = 0$。

由式（5.28）可知存款保险在 T 时刻的价值，可看作以 $V_1(T)$ 为标的资产，执行价格分别为 $[D(0) - V_2(0)]e^{rfT}$ 和 $[(1-\beta)D(0) - V_2(0)]e^{rfT}$ 的两个看跌期权价值的差，因此，存款保险在 0 时刻的总保费可以表示为这两个期权价格之差。根据默顿跳—扩散模型下看跌期权的定价公式[1][2]，这两个期权的价格分别为：

$$H_1 = \sum_{j=0}^{+\infty} \frac{(\lambda\kappa T)^j}{j!}e^{-\lambda\kappa T}\{[D(0) - V_2(0)]e^{(r_f - \mu_j)T}N(l_{j,1,a}) - V_1(0)N(l_{j,1,b})\}$$

$$(5.29)$$

$$H_2 = \sum_{j=0}^{+\infty} \frac{(\lambda\kappa T)^j}{j!}e^{-\lambda\kappa T}\{[(1-\beta)D(0) - V_2(0)]e^{(r_f - \mu_j)T}N(l_{j,2,a}) -$$

$$V_1(0)N(l_{j,2,b})\} \qquad (5.30)$$

式中，$\mu_j = \mu - \lambda(\kappa - 1) + (j/T)\ln\kappa$，$l_{j,1,a} = -\{\ln V_1(0) - \ln[D(0) - V_2(0)] + (\mu_j - r_f - \sigma^2/2)T\}/(\sigma\sqrt{T})$，$l_{j,1,b} = l_{j,1,a} - \sigma\sqrt{T}$，$l_{j,2,a} = -\{[\ln V_1(0) - \ln[(1-\beta)D(0) - V_2(0)] + (\mu_j - r_f - \sigma^2/2)T\}/(\sigma\sqrt{T})$，$l_{j,2,b} = l_{j,2,a} - \sigma\sqrt{T}$。得到存款保险总保费 $H(\beta, \sigma) = H_1 - H_2$，费率 $h(\beta, \sigma) = H(\beta, \sigma)/[\beta D(0)]$。

五 购买存款保险前后银行风险变化的度量

银行未购买存款保险情形下，因为不需要缴纳保费，其流动资产价值为 $V_2(0) = V_2(0)^-$，其信贷资产的波动率为 $\bar{\sigma}$。将 $\beta = 0$，$V_2(0) = V_2(0)^-$ 代入式(5.12)，得到未购买在情形下银行能够承受风险事件冲击的

---

① 宋斌、林则夫、刘黎黎等：《基于博弈期权的可转债定价模型及其实证研究》，《系统管理学报》2013 年第 6 期。

② 姜礼尚、徐成龙、任学敏等：《金融衍生产品定价的数学模型与案例分析》，高等教育出版社 2008 年版。

次数 $N^* = N[\,\beta,\ V_2(0)^- - h\beta D(0)\,]$，则期初银行股权价值 $S(0)^*$ 为 N^* 和 σ^* 的函数。根据银行增加信贷投资风险的边界条件，即保持投保前后银行权益价值的前景值不变，有：

$$\pi[\,S(0)^*\,] = \pi[\,\overline{S(0)}\,] \tag{5.31}$$

当投保比例为 β 情况下，由式（5.26）可反算出银行投保存款保险后信贷资产的波动率 σ^*。

购买存款保险前后银行抵御风险事件冲击次数的变化：

$$\Delta N = \overline{N} - N^* \tag{5.32}$$

存款保险增加了银行抵御风险事件冲击的能力，因此，对银行产生了风险规避效应。

购买存款保险前后银行信贷资产波动率的变化：

$$\Delta\sigma = \overline{\sigma} - \sigma^* \tag{5.33}$$

购买存款保险使银行增加了信贷投资风险，因此，对银行产生了风险激励效应。

第三节　模拟分析

一　参数确定

以我国上市银行作为研究对象，选取了所有 14 家上市银行作为研究样本，研究期间为 2012 年，基本数据（银行资产价值、负债价值、股本、每日股价等）取自锐思数据库。由第五章第二节分析可知，本章的模型求解需要四个方面数据：（1）度量存款保险稳定效应的相关参数；（2）包括银行资产收益率与波动率在内的银行基本面相关数据；（3）度量银行权益前景价值的相关参数；（4）各银行购买存款保险的费率。

（一）存款保险稳定效应相关参数的确定

本章关于存款保险稳定效应的假设及模型，主要基于本书第三章相关结论设立，因此，基本参数的选取与第三章相一致，包括极端事

件发生强度 $\lambda = 0.05$、每次极端事件引起的跳对银行资产价值的影响程度 $\kappa = 0.64$，并假设未购买存款保险情况下，极端事件发生后产生中等恐慌程度，即选取预期隐性存款保障程度为40%。根据第三章相关结果，运用最小二乘法估计参数 γ_1、γ_2，具体步骤如下：

（1）由本书第三章式（3.22）计算得到不同投保比例 β_i（$0 \leqslant \beta_i \leqslant 100\%$，$\beta_{i+1} - \beta_i = 5\%$）下，极端事件发生后银行的存款流失率 θ_i^*。

（2）根据本书假设的银行存款流失率与投保比例的关系式，即 $\theta(\beta) = \gamma_1 \exp(-\gamma_2 \beta)$，得到本书模型下投保比例为 β_i 时银行的存款流失率 $\theta_i = \gamma_1 \exp(-\gamma_2 \beta_i)$。

（3）运用最小二乘法估计参数 γ_1、γ_2，即最小化式：

$$\sum_i \left[\gamma_1 \exp(-\gamma_2 \beta_i) - \theta_i^* \right]^2 \tag{5.34}$$

参数 γ_1、γ_2 的估计结果，以及其他相关参数的取值见表5-1。

表5-1　　　　　　　　　存款保险稳定效应的相关参数

参数名称	极端事件发生强度（λ）	银行受极端事件影响程度（κ）	预期隐性存款保障程度（$\bar{\beta}$）	存款流失率参数（γ_1）	存款流失率参数（γ_2）
参数值	0.05	0.64	40%	0.35	2.58

（二）银行基本面相关数据的确定

各银行总资产价值 $V(0)$、流动资产价值 $V_2(0)$、存款价值 $D(0)$ 等基本数据均取自锐思数据库。与前文相同，无风险利率取自锐思数据库提供的每日无风险收益率折算成年利率的均值。各银行资产收益率 μ 与波动率 σ 的确定方法见本书第二章第四节，具体计算结果见表2-1第六列。参考相关文献，银行因流动性危机被迫破产清算情况下，高破产成本比例 ω 取0.6。[1]

（三）前景理论相关参数的确定

选取各银行期初（2012年1月1日）的权益价值作为衡量各银行相对损益的参照点。价值函数和概率权重函数各参数的取值参考了已

① Emilio，B. and Lucas，D. V.，Countercyclical contingent capital ［J］. *Journal of Banking & Finance*，2012，36，pp. 1688 – 1709.

有文献。由戴维斯等（2005）[1] 对权益市场资本配置的研究发现，损失规避系数 η 应为1.8—2.6；纳尔逊（Nelson et al.，2004）[2] 研究发现，风险规避系数 ξ_1 和风险喜好系数 ξ_2 应为0.27—4.95，均值略小于3；冈萨尔斯（Gonzalez et al.，1999）[3] 和斯托特（Stott，2006）[4] 对概率权重函数进行研究，认为曲率系数 φ 应为0.5—1。参考以上文献对相关参数的界定，本章对各参数的赋值结果见表5-2。

表5-2　前景理论相关参数赋值

参数名称	损失规避系数(η)	风险规避系数(ξ_1)	风险喜好系数(ξ_2)	曲率系数(φ)
参数值	2.2	2	2.5	0.8

（四）各银行不同投保比例下存款保险的费率

表5-3第二行给出了风险事件发生不同次数对应的客观概率。出现两次以上风险事件的概率之和约为0.00002，因此，第五章第二节第四小节的费率计算方法可近似适用，由式（5.29）、式（5.30）得到各银行不同投保比例下购买存款保险对应的费率，具体结果见表5-4。

表5-3　风险事件发生不同次数对应的主、客观概率

风险事件发生次数	0	1	2	3	4	5	6
客观概率（%）	95.12	4.76	1.19E-01	1.98E-03	2.48E-05	2.48E-07	2.06E-09
主观概率权重（%）	91.30	8.74	1.01	1.20E-01	1.47E-02	1.84E-03	2.34E-04

① Davies, G. B. and Satchell, S. E., Continuous cumulative prospect theory and individual asset allocation [R]. *Cambridge Working Papers in Economics* No. 0467, University of Cambridge, 2005.

② Nelson, C. and Escalante, C., Toward exploring the location - scale condition: A constant relative risk aversion location - scale objective function [J]. *European Review of Agricultural Economics*, 2004, 31, pp. 273 - 287.

③ Gonzalez, R. and Wu, G., On the shape of the probability weighting function [J]. *Cognitive Psychology*, 1999, 38, pp. 129 - 166.

④ Stott, H. P., Cumulative prospect theory's functional menagerie [J]. *Journal of Risk and Uncertainty*, 2006, 32, pp. 101 - 130.

表 5 - 4　　　　不同投保比例下各银行存款保险对应费率

银行	不同投保比例下各银行存款保险费率（‰）					
	50%	60%	70%	80%	90%	100%
平安	2.02	1.68	1.44	1.26	1.12	1.01
宁波	1.03	0.86	0.73	0.64	0.57	0.51
浦发	2.44	2.03	1.74	1.52	1.35	1.22
华夏	2.60	2.17	1.86	1.63	1.45	1.30
民生	1.48	1.23	1.06	0.92	0.82	0.74
招商	10.16	8.47	7.26	6.35	5.65	5.08
南京	1.99	1.66	1.42	1.24	1.11	1.00
兴业	1.05	0.87	0.75	0.66	0.58	0.52
北京	2.35	1.96	1.68	1.47	1.30	1.17
交通	2.53	2.11	1.81	1.58	1.41	1.27
工商	8.98	7.48	6.41	5.61	4.99	4.49
建设	12.67	10.56	9.05	7.92	7.04	6.33
中行	3.17	2.65	2.27	1.98	1.76	1.59
中信	14.82	12.35	10.58	9.26	8.23	7.41

二　模拟分析结果

将第五章第三节第一小节确定的相关参数代入式（5.12），进而由式（5.32）得到不同投保比例下银行抵御风险冲击次数的变化，具体结果见表 5 - 5。

表 5 - 5　　　不同投保比例下银行抵御风险事件冲击的次数

银行	隐性存款保险制度下	不同投保比例的显性存款保险制度下					
		50%	60%	70%	80%	90%	100%
平安	1	2	3	4	5	6	8
宁波	1	2	3	4	5	7	9
浦发	1	2	2	3	4	6	8
华夏	1	2	3	4	5	7	9
民生	1	2	3	4	5	7	9

续表

银行	隐性存款保险制度下	不同投保比例的显性存款保险制度下					
		50%	60%	70%	80%	90%	100%
招商	1	2	2	3	4	5	7
南京	1	2	2	3	4	6	8
兴业	1	2	3	4	5	6	9
北京	1	2	2	3	4	6	7
交通	1	2	3	4	5	7	9
工商	1	2	3	4	5	7	9
建设	1	2	2	3	5	6	8
中行	1	2	3	4	5	6	9
中信	1	2	2	3	4	5	7

银行购买存款保险增加了其抵御风险事件冲击的次数，即存款保险对银行产生了一定的风险控制效应。银行投保存款保险比例为50%情况下，所有银行至少可抵御两次风险事件的冲击；当投保比例上升到60%情况下，有八家银行抵御风险事件冲击的次数上升到3次；随着投保比例进一步上升，各银行抵御风险事件冲击的次数也进一步上升，其中，宁波、华夏、民生、兴业、交通、工商和中行抵御风险事件冲击的次数对投保比例更加敏感。由表5-3可知，一年内发生风险事件超过一次的客观概率在1%以下，但由于银行倾向于低估高概率事件而高估中低概率事件，在银行主观概率测度下，一年内发生风险事件超过一次的客观概率在1%以上，即若想在99%的置信度下避免发生流动性危机，则至少需要抵御两次风险事件的冲击，从而各银行至少需要为其存款的50%购买保险。因此，银行主观上对风险事件发生概率的偏估增强了银行主观上对存款保险抵御风险效应的感知。由于在银行主观测度下一年内发生四次以上风险事件的概率小于1‰，因此，理性银行不需要以100%的存款比例购买存款保险。

分别取投保比例为60%、80%和100%三种情况，将表5-4中相应数据和第五章第三节第一小节确定的参数代入式（5.26），进而由式（5.33）得到购买存款保险前后各银行信贷投资波动率的变化，具体结果见表5-6。在保持银行前景值不变的前提下，购买存款保险后各银行信贷投资的波动率均有一定程度的上升；从投保后信贷投资波动率的绝对值来看各银行存在一定差异，从信贷投资波动率增加的倍数来看，购买存款保险对兴业和中信银行产生了较强的风险激励效应；浦发、华夏和北京银行风险激励效应的效果相对较小，均在2倍以内。

表5-6　　　　　　　　购买存款保险后银行信贷投资的波动率

银行	流动资产占总资产比例（％）	投保前信贷资产波动率	不同投保比例下信贷资产波动率（增加倍数）		
			0.6	0.8	1
平安	13.65	0.014	0.051（3.64）	0.061（4.36）	0.066（4.71）
宁波	12.18	0.026	0.115（4.42）	0.121（4.65）	0.128（4.92）
浦发	13.59	0.014	0.018（1.29）	0.021（1.50）	0.022（1.57）
华夏	15.26	0.014	0.017（1.21）	0.019（1.36）	0.020（1.43）
民生	13.09	0.017	0.082（4.82）	0.089（5.24）	0.092（5.41）
招商	13.83	0.020	0.101（5.05）	0.106（5.30）	0.112（5.60）
南京	12.28	0.023	0.068（2.96）	0.073（3.17）	0.075（3.26）
兴业	12.05	0.014	0.113（8.07）	0.118（8.43）	0.125（8.93）
北京	13.01	0.028	0.03（1.07）	0.032（1.14）	0.033（1.18）
交通	15.49	0.018	0.033（1.83）	0.036（2.00）	0.038（2.11）
工商	18.10	0.015	0.061（4.07）	0.071（4.73）	0.078（5.20）
建设	17.59	0.016	0.031（1.94）	0.034（2.13）	0.036（2.25）
中行	15.83	0.011	0.022（2.00）	0.025（2.27）	0.027（2.45）
中信	14.47	0.017	0.150（8.82）	0.156（9.18）	0.164（9.65）

　　图5-1给出了各银行投保比例为80％的情况下，各银行存款保险费率与信贷投资波动率之间的关系。从结果来看，平安、宁波、浦发、华夏、民生、南京、兴业、北京和交通银行存款保险费率相差不大，但存款保险对宁波和兴业银行产生了较强的风险激励效应，而对浦发、华夏、北京和交通银行产生的风险激励效应较小；招商、工商和中信银行存款保险费率相对较高，同时风险激励效应也相对显著；建设银行相对较高的存款保险费率产生了相对较低的风险激励效应。总的来看，宁波和兴业银行存款保险的风险激励效应对保费最为敏感。

　　令投保比例在 50%—100% 变动，计算各银行不同投保比例下，信贷投资波动率的变化趋势，由于各银行变化趋势相一致，图 5－2 给出了不同投保比例下，银行系统各银行信贷投资波动率的平均水平。从结果来看，存款保险投保比例与银行信贷投资波动率呈正相关趋势，平均来看，存款保险投保比例为 50% 的情况下，银行信贷资产波动率约变为原来的 3.44 倍，投保比例为 100% 的情况下，银行信贷资产波动率约变为原来的 4.11 倍。控制投保比例能在一定程度上抑制存款保险的风险激励效应。

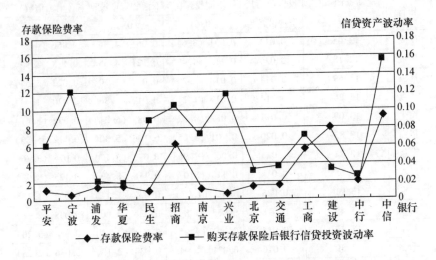

图 5－1　存款保险风险激励效应与保费的关系

　　综上所述，本章基于前景理论，提出了一种度量存款保险的风险激励效应的模型。首先，基于存款保险稳定效应的分析结果，度量了银行购买存款保险后增强抵御风险冲击的程度；其次，在考虑期初保费支付的基础上，运用期权定价方法，推导购买不同比例存款保险后银行权益价值的条件期望现值；进一步地，运用前景理论推导银行购买存款保险前后权益前景值的变化，根据银行增加信贷投资风险的边界条件，计算购买存款保险前后银行信贷资产波动率的变化。模拟分析了 2012 年度存款保险对我国 14 家上市银行产生的风险激励效应。

本章建立的模型考虑了银行主观因素对客观概率和客观价值的影响，刻画了银行进行信贷投资的决策过程，模拟了银行可能产生的"道德风险行为"，弥补国内相关研究缺乏量化模型的不足。

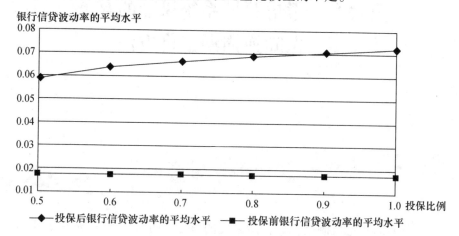

图 5-2　银行信贷投资波动率随存款保险投保比例的变化

基本结论如下：

（1）银行购买存款保险增加了其抵御风险事件冲击的次数，即存款保险对银行产生了一定的风险控制效应。银行投保存款保险比例为50%的情况下，所有银行至少可抵御两次风险事件的冲击；随着投保比例进一步上升，各银行抵御风险事件冲击的次数也进一步上升，其中，宁波、华夏、民生、兴业、交通、工商和中行抵御风险事件冲击的次数对投保比例更加敏感。

（2）各银行对风险事件发生概率的偏估强化了其主观上对存款保险抵御风险效应的感知。

（3）在保持银行前景值不变的前提下，购买存款保险后各银行信贷投资的波动率均有一定程度的上升；从信贷投资波动率增加的倍数来看，购买存款保险对兴业和中信银行产生了较强的风险激励效应；浦发、华夏和北京银行风险激励效应的效果相对较小，均在两倍以内。

（4）从适当保证存款保险抵御风险效应，同时适度控制存款保险风险激励效应的角度看，银行更宜购买比例存款保险而非全额存款保险。

第六章 考虑跨期系统风险的存款保险逆周期定价方法

第一节 引言

费率的厘定机制是存款保险制度的核心，可分为统一费率和风险差别费率两种主要方式。迪龙加和桑德斯（2011）[1] 实证分析了美国 1933 年存款保险制度对银行的风险激励效应，总体来看，统一费率的存款保险制度使银行倾向于高风险经营，更容易激励银行道德风险行为的产生，而市场本身区分优劣银行的机制被明显弱化。因此，越来越多的国家和地区开始实行风险差别费率的存款保险制度。

风险差别费率在一定程度上能够抑制银行的风险追逐行为，避免低风险银行补贴高风险银行的情况，但是，风险差别费率也存在问题。2002 年美国联邦存款保险公司对美国存款保险系统进行调查，若按照风险差别费率的制度安排，将有超过90%的银行面临0保费的局面。[2] 这种情况源自两方面的原因：首先，2002 年美国经济相对稳定，几乎所有银行面临的破产概率都相对较小，从而基于风险的费率也相对较低；同时，调查期间美国联邦存款保险基金相对充裕，短期内不会出现支付困难，因此联邦存款保险公司对各银行的保费进行了

① DeLonga, G. and Saunders, A., Did the introduction of fixed – rate federal deposit insurance increase long – term bank risk – taking? [J]. *Journal of Financial Stability*, 2011, 7, pp. 19 – 25.

② George G. Pennacchi, Bank deposit insurance and business cycles: Controlling the volatility of risk – based premiums [C]. Conference Series, Federal Reserve Bank of Boston, 2002.

减免。另外，与经济上行期的低风险费率相反，当经济形势出现波动，银行破产概率上升而存款准备金相对不足时，各银行将面临很高的存款保险费率。Pennacchi（1999）[1] 研究表明，在经济衰退期，银行不得不更少地吸收存款以缓解存款保险保费支付的压力，而这在经济下行期将造成银行进一步的信贷紧缩。综上可知，忽略经济周期因素仅满足短期内收支平衡的存款保险费率厘定机制具有很强的顺周期特点，这使以维护金融系统稳健经营为目的的存款保险制度却在一定程度上反而可能进一步恶化经济周期的波动效应。

尽管存款保险费率的顺周期效应引起很多学者的关注，但关于如何解决或减弱这种效应的研究却并不多见。康斯塔斯（1992）[2] 和谢弗（1997）[3] 着眼于减弱存款保险费率的波动性，并依据银行破产的历史损失记录，计算了一种跨期的移动平均保费。Pennacchi（2006）[4] 沿用了跨期移动平均存款保险模型，但认为费率厘定的依据不应局限在银行的历史损失记录，而应该关注各银行未来损失的期望现值。相对于单期存款保险费率，跨期移动平均的存款保险费率在保险年限内保持平稳，但模型未考虑保险期间经济波动因素的影响，因此对费率顺周期效应的抑制程度有限。贾罗等（2006）[5] 考虑了经济波动因素的影响，在离散时间期的框架下，从存款保险总准备金的角度，设计了具有逆周框架下，并推导得到合理总保费的上下限。

从目前的研究现状来看，尚缺少具有逆周期特点的单个银行存款

①　Pennacchi, George G. , The Effects of Setting Deposit Insurance Premiums to Target Insurance Fund Reserves ［J］. *Journal of Financial Services Research*, 1999, 16（2/3）, pp. 153 – 180.

②　Konstas, Panos, The Bank Insurance Fund: Trends, Initiatives, and the Road Ahead ［J］. *FDIC Banking Review*, 1992, 5（2）,（Fall/Winter）.

③　Shaffer, Sherrill, Deposit Insurance Pricing: The Hidden Burden of Premium Rate Volatility ［J］. *Cato Journal*, 1997, 17（1）,（Spring/Summer）.

④　Georg G. Pennacchi, Risk – Based Capital Standards, Deposit Insurance, and Procyclicality ［J］. *Journal of Financial Intermediation*, 2006, 14（4）, pp. 432 –465.

⑤　Jarrow, R. , Madan, D. , Haluk, U. , Designing Countercyclical and Risk Based Aggregate Deposit Insurance Premia. Working Paper, 2006, Available at: http: //ssrn. com/abstract = 964481.

保险费率厘定方法。本章在跨期存款保险模型的框架下，将影响银行资产价值的风险因素分解为系统性风险因素和银行特定风险因素，从而将表征系统性风险的宏观经济因素引入存款保险费率厘定的模型中，进而得到具有逆周期特点的存款保险费率厘定方法。

第二节 逆周期式存款保险定价模型

一 模型假设

（1）资产价值：假设银行系统共有 m 家银行，银行 i 资产价值服从几何布朗运动

$$dV_i(t)/V_i(t) = \mu_i dt + \sigma_i dw_i(t) \quad i = 1, 2, \cdots, m \qquad (6.1)$$

式中，μ_i 为银行 i 资产的即时收益率，σ_i 为即时收益率的波动率，$w_i(t)$ 为标准布朗运动，$dw_i(t)$ 表征了银行 i 资产的风险来源，相应的风险大小由 σ_i 度量。$w_i(t)$ 遵循维纳过程，因此，在一个小时间间隔 Δt 内 $w_i(t)$ 的变化 $\Delta w_i(t)$ 为：

$$\Delta w_i(t) = x_i(t) \sqrt{\Delta t} \qquad (6.2)$$

式中，$x_i(t)$ 服从标准正态分布，是影响银行 i 资产价值的风险因素。假设 $x_i(t)$ 满足：

$$x_i(t) = \rho_i Y(t) + \sqrt{1 - \rho_i^2} \varepsilon_i(t) \qquad (6.3)$$

式中，$Y(t)$ 表示影响 $x_i(t)$ 的系统性风险因素，或宏观经济因素，$\varepsilon_i(t)$ 表示影响 $x_i(t)$ 的非系统性风险因素，或银行特定风险因素；$\rho_i(-1 \leqslant \rho_i \leqslant 1)$ 表示 $x_i(t)$ 对系统性风险因素的敏感性，$Y(t)$ 与 $\varepsilon_i(t)$ 均服从标准正态分布，且 $Y(t)$ 与 $\varepsilon_i(t)$ 相互独立。

（2）负债价值：假设银行负债全部来源于存款，银行的存款价值满足：

$$dD_i(t)/D_i(t) = r_{i,d} dt \qquad (6.4)$$

式中，$r_{i,d}$ 为银行 i 的一年期存款利率。

（3）存款保险：假设银行 i 为其存款购买 n 年期存款保险，投保

比例为 $\beta_i(0 < \beta_i < 1)$，即如果银行 i 出现存款本息的支付困难，存款保险机构将最多支付总存款本息的 β_i 倍。在保险期间银行 i 每年末接受审查，如果在第 T 年末，有 $V_i(T) \geq D_i(T)$，则银行 i 经营状况良好；若 $V_i(T) < D_i(T)$，则银行 i 出现存款支付困难，进入破产清算过程。由于清算过程中未保险存款的偿还顺序优于被保险存款，当银行 i 破产时资产损失程度很高，出现 $V_i(T) < (1 - \beta_i)D_i(T)$ 时，清算后银行 i 的资产 $V_i(T)$ 将全部用于偿还未保险存款，被保险存款 $\beta_i D_i(T)$ 将全部由存款保险机构偿还；当银行 i 破产时资产损失程度相对较低，即有 $(1 - \beta_i)D_i(T) \leq V_i(T) < D_i(T)$ 时，银行 i 的资产能偿还部分被保险存款，假设此时存款保险机构承担总承保存款的一定比例 $\alpha_i(0 < \alpha_i \leq 1)$[①]，即存款保险机构的支付额为 $\alpha_i \beta_i D_i(T)$。因此，第 T 年末存款保险机构对银行 i 的赔付责任为：

$$L_i(T) = \begin{cases} \beta_i D_i(T), & \text{前 } T-1 \text{ 年银行均不破产，} \\ & \text{且 } V_i(T) < (1 - \beta_i)D_i(T) \\ \alpha_i \beta_i D_i(T), & \text{前 } T-1 \text{ 年银行均不破产，} \\ & \text{且 } (1 - \beta_i)D_i(T) \leq V_i(T) < D_i(T) \\ 0, & \text{其他} \end{cases} \quad (6.5)$$

（4）其他行为：银行 i 在每年末接受审查后，如果其资产状况符合持续经营的要求，则下列调整发生：

①银行 i 存款价值以 g_i 的速度发生一次性变化：

$$D_i(T)^+ = (1 + g_i)D_i(T) \quad (6.6)$$

式中，$D_i(T)^+$ 为变化后第 T 年末银行 i 的存款价值，也即第 T + 1 年初银行 i 的存款价值。

②银行 i 支付下一年度存款保险保费 $h_i(T+1)\beta_i D_i(T)^+$，其中，$h_i(T+1)$ 为银行 i 在第 T + 1 年度的存款保险费率。

③银行 i 通过回购股票或发放股利等手段，调整其资产负债率向目标资产负债率回归，令 $v_i(T) = V_i(T)/D_i(T)$ 为调整前银行 i 的资

---

① George, G., Pennacchi, Bank deposit insurance and business cycles: Controlling the volatility of risk - based premiums[C]. Conference Series, Federal Reserve Bank of Boston, 2002.

产负债率，$v_i(T)^+ = V_i(T)^+ / D_i(T)^+$ 为调整后银行 i 的资产负债率，其中，$V_i(T)^+$ 为调整后第 T 年末银行 i 的资产价值，也即第 $T+1$ 年初银行 i 的资产价值，得到：

$$v_i(T)^+ = v_i(T) + \kappa [v_i^* - v_i(T)] \tag{6.7}$$

式中，κ 为回归系数，v_i^* 为目标资产负债率。式（6.7）既包括负债价值一次性变化引起资产价值的变化，也包括保费缴纳引起的资产价值的变化，忽略具体资产变化的过程。假设这些因素引起资产价值一次性变动，即银行 i 根据年初存款增加及保费缴纳的具体情况，决定回购股票或发放股利的数量，从而调整其资产负债率。

总结：在存款保险期限内假设每年将发生以下事件：

（1）以年初价值为变化起点，银行的资产价值和负债价值在年内分别遵循式（6.1）和式（6.4）的随机过程发生变化。

（2）年末监管机构对银行资产状况进行审查，如果银行出现存款支付困难，存款保险机构将根据式（6.5）给出的支付额进行赔付，保险合同终止。

（3）如果年末经审查银行经营状况良好，首先，银行存款价值将按照式（6.6）的方式发生一次性变化；其次，银行以变化后的存款价值为基础支付下一年度存款保险保费；最后，银行资产价值按照式（6.7）的方式发生一次性变化。下一年度将从①开始重复此过程。

二 逆周期费率的推导

首先推导给定系统风险因素条件下，银行的公平费率。当前 T 年的系统性风险因素为 $yy_T = \{ y_1, y_2, \cdots, y_T \}$ 时，由式（6.5）得到存款保险机构第 T 年末对银行 i 的赔付责任的条件期望现值为：

$$\begin{aligned} l_{i,T}(yy_T) &= e^{-r_f T} [P_{i,T,L}(yy_T) \alpha_i \beta_i D_i(T) + P_{i,T,H}(yy_T) \beta_i D_i(T)] \\ &= e^{-r_f T} D_i(T) [\alpha_i \beta_i P_{i,T,L}(yy_T) + \beta_i P_{i,T,H}(yy_T)] \end{aligned} \tag{6.8}$$

式中，$P_{i,T,L}(yy_T)$ 和 $P_{i,T,H}(yy_T)$ 分别为银行 i 在前 $T-1$ 年不破产且在第 T 年末低损失破产和高损失破产的条件概率，r_f 为无风险利率。因此，当连续 n 年末的系统风险因素为 $yy_n = \{ y_1, y_2, \cdots, y_n \}$ 时，n 年期存款保险合同下，保险机构对银行 i 的总赔付责任的条件期望现值为：

$$L_{i,n}(yy_n) = \sum_{T=1}^{n} l_{i,T}(yy_T) = \sum_{T=1}^{n} e^{-r_f T} D_i(T) [\alpha_i \beta_i P_{i,T,L}(yy_T) + \beta_i P_{i,T,H}(yy_T)]$$

$$(6.9)$$

由式（6.4）和式（6.6）可知银行 i 第 T 年末存款价值满足：

$$D_i(T) = D_i(T-1)^+ e^{r_{i,d}} = D_i(T-1)(1+g_i) e^{r_{i,d}}$$

$$= D_i(T-2)^+ (1+g_i)^1 e^{2r_{i,d}} = \cdots = D_i(0)^+ (1+g_i)^{T-1} e^{r_{i,d} T}$$

$$(6.10)$$

式中，$D_i(0)^+$ 为第一年初银行 i 的存款价值。将式（6.10）代入式（6.9）得到：

$$L_{i,n}(yy_n) = D_i(0)^+ \sum_{T=1}^{n} e^{(r_{i,d}-r_f)T} (1+g_i)^{T-1} [\alpha_i \beta_i P_{i,T,L}(yy_T) + \beta_i P_{i,T,H}(yy_T)]$$

$$(6.11)$$

为体现存款保险费率的逆周期特点，本章设定第 T 年初银行 i 面临的存款保险费率满足：

$$h_i(T) = \begin{cases} H_i + H_i(1 - e^{-\lambda y_{T-1}}), & y_{T-1} \geqslant 0 \\ H_i - H_i(1 - e^{\lambda y_{T-1}}), & y_{T-1} < 0 \end{cases} \qquad (6.12)$$

式中，$H_i > 0$ 为基础费率，$\lambda > 0$ 为表征逆周期程度的系数。

当上一年（第 T−1 年）宏观经济处于上行期，即系统风险因素满足 $y_{T-1} \geqslant 0$ 时，银行 i 本年度（第 T 年）费率在基础费率 H_i 的基础上有所增加；而当前一年宏观经济处于下行期，即系统风险因素满足 $y_{T-1} < 0$ 时，银行 i 本年度费率在基础费率 H_i 的基础上有所减少；费率随系统风险因素变化而增减的程度取决于表征逆周期程度的系数 λ。

由式（6.12）整理，可以得到逆周期费率为 $h_i(T) = H_i[1 + (-1)^{I(y_{T-1}<0)}(1 - e^{-\lambda|y_{T-1}|})]$，其中，$I(.)$ 为示性函数，当括号内条件成立时，$I(.) = 1$，否则 $I(.) = 0$。因此，银行 i 在第 T 年初需支付的总存款保险保费满足：

$$Q_i(T) = \begin{cases} H_i[1 + (-1)^{I(y_{T-1}<0)}(1 - e^{-\lambda|y_{T-1}|})] \beta_i D_i(T-1), \\ \qquad 银行 i 在前 T-1 年均不破产 \\ 0, \qquad 其他情况 \end{cases}$$

当前 T−1 年的系统性风险因素为 $yy_{T-1} = \{y_1, y_2, \cdots, y_{T-1}\}$ 时，

银行 i 在第 T 年初支付保费的条件期望现值为：

$$q_{i,T}(yy_{T-1}) = e^{-r_f(T-1)} H_i [1 + (-1)^{I(y_{T-1}<0)} (1 - e^{-\lambda |y_{T-1}|})] \cdot$$

$$\beta_i D_i (T-1)^+ P_{i,T-1,N}(yy_{T-1}) \tag{6.13}$$

式中，$P_{i,T-1,N}(yy_{T-1})$ 为银行 i 在前 T-1 年均不破产的条件概率，则 n 年期存款保险总保费的条件期望现值为：

$$qq_{i,n}(yy_{n-1}) = \sum_{T=1}^{n} q_{i,T}(yy_{T-1})$$

$$= H_i \beta_i \sum_{T=1}^{n} e^{-r_f(T-1)} [1 + (-1)^{I(y_{T-1}<0)} (1 - e^{-\lambda |y_{T-1}|})] \cdot$$

$$D_i (T-1)^+ P_{i,T-1,N}(yy_{T-1}) \tag{6.14}$$

式中，$T=1$ 时有 $P_{i,0,N}(yy_0)=1$，即第一年初银行 i 以概率 1 确定支付保费。与式（6.9）同理，得到：

$$D_i (T-1)^+ = D_i(0)^+ (1+g_i)^{T-1} e^{r_{i,d}(T-1)} \tag{6.15}$$

将式（6.15）代入式（6.14），得到：

$$qq_{i,n}(yy_{n-1}) = H_i \beta_i D_i(0)^+ \sum_{T=1}^{n} e^{(r_{i,d}-r_f)(T-1)} \cdot$$

$$[1 + (-1)^{I(y_{T-1}<0)} (1 - e^{-\lambda |y_{T-1}|})] \cdot$$

$$(1+g_i)^{T-1} P_{i,T-1,N}(yy_{T-1}) \tag{6.16}$$

公平保费要求保险公司收取保费的期望现值与赔付责任的期望现值相等，即 $L_{i,n} = qq_{i,n}$，由式（6.11）、式（6.16）得到，当 n 期系统性风险因素为 $yy_n = \{y_1, y_2, \cdots, y_n\}$ 时，银行 i 的 n 年期存款保险的条件基础费率为：

$$H_i(yy_n) = e^{r_{i,d}-r_f} \times \frac{\sum\limits_{T=1}^{n} (1+g_i)^{T-1} [\alpha_i P_{i,T,L}(yy_T) + P_{i,T,H}(yy_T)]}{\left\{ \sum\limits_{T=1}^{n} [1 + (-1)^{I(y_{T-1}<0)} (1 - e^{-\lambda |y_{T-1}|})] \cdot \right.}$$

$$\left. (1+g_i)^{T-1} P_{i,T-1,N}(yy_{T-1}) \right\} \tag{6.17}$$

在考虑系统风险因素的所有可能情况下，并假设各年度的风险因素之间相互独立，则由全概率公式得到银行 i 的 n 年期存款保险的无条件基础费率为：

$$H_i^* = \int_{-\infty}^{+\infty} \int_{-\infty}^{+\infty} \cdots \int_{-\infty}^{+\infty} H_i(yy_n)\,\mathrm{d}F(y_1)\,\mathrm{d}F(y_2)\cdots\mathrm{d}F(y_n) \qquad (6.18)$$

于是，由式（6.12）可知，银行 i 在 T(T = 1, 2, …, n) 年初的公平逆周期费率可表示为：

$$h_i^*(T) = H_i^*\left[1 + (-1)^{I(y_{T-1}<0)}(1 - e^{-\lambda|y_{T-1}|})\right] \qquad (6.19)$$

三 逆周期费率的估计方法

由于逆周期费率的估计过程需用到式（6.17）给出的三种条件概率，本节首先给出三种条件概率的表达形式，进而给出逆周期费率的估计方法。

由式（6.1）和式（6.2）可知，第 T(T = 1, 2, …, n) 年末影响银行 i 资产价值的风险因素 $x_i(T) = \dfrac{\ln[V_i(T)/V_i(T-1)^+] - (\mu_i - \sigma_i^2/2)}{\sigma_i}$。令 $c_{i,1}(T) = \dfrac{\ln[D_i(T)/V_i(T-1)^+] - (\mu_i - \sigma_i^2/2)}{\sigma_i}$，则第 T 年末银行 i 不破产的条件 $V_i(T) \geqslant D_i(T)$ 等价于 $x_i(T) \geqslant c_{i,1}(T)$。

令 $c_{i,2}(T) = \dfrac{\ln[(1-\beta_i)D_i(T)] - \ln V_i(T-1)^+ - (\mu_i - \sigma_i^2/2)}{\sigma_i}$，则第 T 年末银行 i 出现低损失破产的条件 $(1-\beta_i)D_i(T) \leqslant V_i(T) < D_i(T)$ 等价于 $c_{i,2}(T) \leqslant x_i(T) < c_{i,1}(T)$；第 T 年末银行 i 出现高损失破产的条件 $V_i(T) < (1-\beta_i)D_i(T)$ 等价于 $x_i(T) < c_{i,2}(T)$。由式（6.3）得，当前 T 年的系统性风险因素为 $yy_T = \{y_1, y_2, \cdots, y_T\}$ 时，银行 i 在前 T-1 年不破产且在第 T 年末低损失破产的条件概率为：

$$P_{i,T,L}(yy_T) = \Pr[x_i(1) \geqslant c_{i,1}(1), \cdots, x_i(T-1) \geqslant c_{i,1}(T-1),$$
$$c_{i,2}(T) \leqslant x_i(T) < c_{i,1}(T) \mid yy_T]$$
$$= \Pr\left[\frac{x_i(1) - \rho_i y_1}{\sqrt{1-\rho_i^2}} \geqslant \frac{c_{i,1}(1) - \rho_i y_1}{\sqrt{1-\rho_i^2}}, \cdots, \frac{x_i(T-1) - \rho_i y_{T-1}}{\sqrt{1-\rho_i^2}}\right.$$
$$\geqslant \frac{c_{i,1}(T-1) - \rho_i y_{T-1}}{\sqrt{1-\rho_i^2}}, \frac{c_{i,2}(T) - \rho_i y_T}{\sqrt{1-\rho_i^2}} \leqslant \frac{x_i(T) - \rho_i y_T}{\sqrt{1-\rho_i^2}}$$
$$\left. < \frac{c_{i,1}(T) - \rho_i y_T}{\sqrt{1-\rho_i^2}} \mid Y(1) = y_1, \cdots, Y(T) = y_T\right]$$

$$= Pr[\varepsilon_i(1) \geqslant \frac{c_{i,1}(1) - \rho_i y_1}{\sqrt{1 - \rho_i^2}}, \cdots, \varepsilon_i(T-1)$$

$$\geqslant \frac{c_{i,1}(T-1) - \rho_i y_{T-1}}{\sqrt{1 - \rho_i^2}} \cdot, \frac{c_i(T) - \rho_i y_T}{\sqrt{1 - \rho_i^2}}$$

$$\leqslant \varepsilon_i(T) < \frac{c_{i,1}(T) - \rho_i y_T}{\sqrt{1 - \rho_i^2}} \mid Y(1) = y_1, \cdots, Y(T) = y_T]$$

$$= Pr[\varepsilon_i(1) \geqslant \frac{c_{i,1}(1) - \rho_i y_1}{\sqrt{1 - \rho_i^2}}, \cdots, \varepsilon_i(T-1)$$

$$\geqslant \frac{c_{i,1}(T-1) - \rho_i y_{T-1}}{\sqrt{1 - \rho_i^2}}, \frac{c_{i,2}(T) - \rho_i y_T}{\sqrt{1 - \rho_i^2}} \leqslant \varepsilon_i(T)$$

$$< \frac{c_{i,1}(T) - \rho_i y_T}{\sqrt{1 - \rho_i^2}}]$$

$$= Pr[\varepsilon_i(1) \geqslant C_{i,1}(1), \cdots, \varepsilon_i(T-1) \geqslant C_{i,1}(T-1),$$

$$C_{i,2}(T) \leqslant \varepsilon_i(T) < C_{i,1}(T)] \qquad (6.20)$$

其中，$C_{i,1}(k) = \dfrac{c_{i,1}(k) - \rho_i y_k}{\sqrt{1 - \rho_i^2}}$，$C_{i,2}(k) = \dfrac{c_{i,2}(k) - \rho_i y_k}{\sqrt{1 - \rho_i^2}}$（$k = 1$，

2，$\cdots$，T）。同理，使银行 i 在前 T－1 年不破产且在第 T 年末高损失破产的条件概率为：

$$P_{i,T,H}(yy_T) = Pr[x_i(1) \geqslant c_{i,1}(1), \cdots, x_i(T-1)$$

$$\geqslant c_{i,1}(T-1), x_i(T) < c_{i,2}(T) \mid yy_T]$$

$$= Pr[\varepsilon_i(1) \geqslant C_{i,1}(1), \cdots, \varepsilon_i(T-1)$$

$$\geqslant C_{i,1}(T-1), \varepsilon_i(T) < C_{i,2}(T)] \qquad (6.21)$$

银行 i 在前 T－1 年均不破产的条件概率为：

$$P_{i,T-1,N}(yy_{T-1}) = Pr[\varepsilon_i(1) \geqslant C_{i,1}(1), \cdots, \varepsilon_i(T-1) \geqslant C_{i,1}(T-1)]$$

$$(6.22)$$

采用蒙特·卡洛模拟方法估计 n 年期存款保险的公平费率，模拟过程如下：

步骤一：分别从 n 个独立的标准正态分布中模拟生成 n 期系统性风险因素的一条可能路径 $yy_{1,n} = \{y_{1,1}, y_{1,2}, \cdots, y_{1,n}\}$，重复 M 次得到 M 条可能路径 $\{yy_{1,n}, yy_{2,n}, \cdots, yy_{M,n}\}$。

步骤二：对每条可能的路径 $yy_{l,n} = \{y_{l,1}, y_{l,2}, \cdots, y_{l,n}\}$（$l = 1$, 2, $\cdots$, M），估计每家银行在每年末低损失破产条件概率 $P_{i,T,L}$（$yy_{l,T}$）、高损失破产条件概率 $P_{i,T,H}$（$yy_{l,T}$）及在特定年末不破产的条件概率 $P_{i,T,N}$（$yy_{l,T}$），具体过程为：

①给定银行 i 的初始资产价值 $V_i(0)$ 和存款价值 $D_i(0)$，由式（6.4）得到银行 i 第一年末的存款价值 $D_i(1)$，再由式（6.21）计算得到第 1 年末银行 i 破产与否及破产损失高低的边界条件 $C_{i,1}(1)$ 和 $C_{i,2}(1)$。

②从另一个独立的标准正态分布中模拟生成第 1 年末银行 i 的特定风险因素 $\varepsilon_i(1)$；

③如果 $\varepsilon_i(1) \geq C_{i,1}(1)$，由式（6.22）可知银行不破产，则由式（6.3）计算得到 $x_i(1)$，进而计算第一年末银行 i 的资产价值 $V_i(1)$，由式（6.6）、式（6.7）一次性调整银行 i 资产、负债价值，得到相应的 $V_i(1)^+$ 和 $D_i(1)^+$ 作为第 2 年初始值。

④当且仅当生成的第 T 年末银行 i 特定风险因素 $\varepsilon_i(T) \geq C_{i,1}(T)$，步骤①、②、③将被重复直至得到所有 n 年结束；若得到某年末银行 i 特定风险因素 $\varepsilon_i(T) < C_{i,1}(T)$，银行被认为在该年末破产，过程结束，此时若满足 $C_{i,2}(T) \leq \varepsilon_i(T) < C_{i,1}(T)$，则银行 i 发生低损失破产；若满足 $\varepsilon_i(T) < C_{i,2}(T)$，则银行 i 发生高损失破产。

⑤对每一家银行 $i(i = 1, 2, \cdots, m)$，以同一对初始资产价值 $V_i(0)$ 和存款价值 $D_i(0)$ 开始，模拟上面过程足够多次，可以得到给定系统风险因素路径下，银行 i 恰在某年末低损失破产、高损失破产及在某年末不破产的条件频率，随着模拟次数的增加，条件频率逐渐接近条件概率。

步骤三：将步骤二估计得到的各银行每年末的三种条件概率 $\hat{P}_{i,T,L}(yy_{l,T})$、$\hat{P}_{i,T,H}(yy_{l,T})$ 和 $\hat{P}_{i,T-1,N}(yy_{l,T-1})$（$T = 1, 2, \cdots, n$; $l = 1$, 2, $\cdots$, M）代入式（6.17），得到在系统性风险因素每条可能路径下，银行 i 的 n 年期存款保险条件基础费率的估计值 $\hat{H}_i(yy_{l,n})$（$l = 1, 2, \cdots$, M）。

步骤四：计算银行 i 的 n 年期存款保险的无条件基础费率：

$$H_i^* = \frac{1}{M} \sum_{l=1}^{M} H_{\hat{i}}(yy_{l,n}) \qquad\qquad (6.23)$$

步骤五：选取能够代表系统性风险因素的宏观经济指标，得到 n 年系统性风险因素的估计值 $\hat{yy}_n = \{\hat{y}_1, \hat{y}_2, \cdots, \hat{y}_n\}$，则银行 i 在 T（T = 1，2，…，n）年初的公平逆周期费率的估计值：

$$h_i^*(T) = H_i^*\left[1 + (-1)^{I(\hat{y}_{T-1}<0)}(1 - e^{-\lambda|\hat{y}_{T-1}|})\right] \qquad (6.24)$$

第三节　参数确定

由第六章第二节的估计方法可知，n 年期存款保险逆周期费率的估计需确定九个参数。其中，逆周期系数 λ 作为控制变量，将在 0—0.5 之间取值，并在第四节研究 λ 变化对费率逆周期性的影响。其余参数包括银行资产的即时收益率 μ_i、波动率 σ_i、系数 ρ_i、银行低损失破产赔付率 α_i、银行存款增长率 g_i、银行资产负债率回归系数 κ_0 和 κ_1 以及代表各年度系统性风险因素的指标。本节对以上各参数进行估计，选取了我国所有 14 家上市银行作为研究样本（见表 6 - 1），研究期间为 2008—2012 年，基本数据（银行资产价值、负债价值、股本及每日股价等）取自锐思数据库。

一　银行资产收益率与波动率确定

银行系统资产收益率与波动率的确定方法见本书第二章第四节，具体计算结果见表 2 - 1。

二　敏感系数确定

本节拟根据银行间资产相关系数估计各银行对系统性风险因素的敏感系数。剔除缺失数据，2008—2012 年共得到 972 个交易日数据，即有 972 个交易日可同时观测到所有 14 家上市银行的股权价值。假设每个可观测交易日银行 i 的股权价值为 $S_i(\hat{t})$，设 $\mu_i(\hat{t})$ 和 $\sigma_i(\hat{t})$ 分别表示第 $\hat{t}$ 个交易日所在年份银行 i 的资产收益率和波动率，其估计值 $\hat{\mu}_i(\hat{t})$ 和 $\hat{\sigma}_i(\hat{t})$ 可根据交易日 $\hat{t}$ 所处的年份，从表 2 - 1 中查得。设 $V_i(\hat{t})$ 为每个交易日银行资产价值，$D_i(\hat{t})$ 表示第 $\hat{t}$ 个交易日所在年份年末银行 i 的负债价值，$S_i(\hat{t})$ 可看作是一份标的资产为 $V_i(\hat{t})$，执行价格为 $D_i(\hat{t})$ 的欧式看涨期权的价值，$S_i(\hat{t})$ 与 $V_i(\hat{t})$ 满足：

$$S_i(\hat{t}) = V_i(\hat{t})N(d_{1,i,\hat{t}}) - D_i(\hat{t})e^{-r\Gamma\hat{t}}N(d_{2,i,\hat{t}}) \tag{6.25}$$

式中，$d_{1,i,\hat{t}} = \{\ln[V_i(\hat{t})_l/D_i(\hat{t})] + [r_f + \sigma_i^2(\hat{t})/2]\Gamma_{\hat{t}}\}/[\sigma_i(\hat{t})\sqrt{\Gamma_{\hat{t}}}]$，$d_{2,i,\hat{t}} = d_{1,i,\hat{t}} - \sigma_i(\hat{t})\sqrt{\Gamma_{\hat{t}}}$，$\Gamma_{\hat{t}}$ 为第 $\hat{t}$ 个交易日距离该年末的时间长度，以年为单位，$N(.)$ 为标准正态分布的分布函数。将 $\hat{\sigma}_i(\hat{t})$ 代入式（6.25），由银行 i 每个交易日的股权价值 $S_i(\hat{t})$ 反算出银行 i 每个交易日的资产价值 $\hat{V}_i(\hat{t})$（$\hat{t}=1,2,\cdots,972$）。由式（6.1）和式（6.2）可得银行 i 每个交易日资产价值的风险因素：

$$x_i(\hat{t}) = \frac{\ln V_i(\hat{t}) - \ln V_i(0_{\hat{t}}) - [\mu_i(\hat{t}) - \sigma_i^2(\hat{t})/2](1-\Gamma_{\hat{t}})}{\sigma_i(\hat{t})\sqrt{(1-\Gamma_{\hat{t}})}} \tag{6.26}$$

式中，$V_i(0_{\hat{t}})$ 为第 $\hat{t}$ 个交易日所在年份年初银行 i 的资产价值。将估计值 $\hat{V}_i(\hat{t})$、$\hat{\mu}_i(\hat{t})$ 和 $\hat{\sigma}_i(\hat{t})$ 代入式（6.26）得到估计值 $\hat{x}_i(\hat{t})$（$i=1,2,\cdots,m; \hat{t}=1,2,\cdots,972$）。

由估计得到的 $\hat{x}_i(\hat{t})$ 和 $\hat{x}_j(\hat{t})$（$\hat{t}=1,2,\cdots,972$）可求银行 i 资产价值的风险因素 $x_i(\hat{t})$ 与另一家银行 j 资产价值的风险因素 $x_j(\hat{t})$ 间的相关系数 $\eta_{i,j}$ 的估计值：

$$\hat{\eta}_{i,j} = \frac{\frac{1}{972}\sum_{t=1}^{972}[\hat{x}_i(\hat{t})\hat{x}_j(\hat{t})] - \frac{1}{972}\sum_{t=1}^{972}\hat{x}_i(\hat{t})\frac{1}{972}\sum_{t=1}^{972}\hat{x}_j(\hat{t})}{\sqrt{\frac{1}{972}\sum_{t=1}^{972}\hat{x}_i^2(\hat{t}) - \left[\frac{1}{972}\sum_{t=1}^{972}\hat{x}_i(\hat{t})\right]^2}\sqrt{\frac{1}{972}\sum_{t=1}^{972}\hat{x}_j^2(\hat{t}) - \left[\frac{1}{972}\sum_{t=1}^{972}\hat{x}_j(\hat{t})\right]^2}}$$

$$\tag{6.27}$$

由式（6.3）可知 $x_i(\hat{t})$ 与 $x_j(\hat{t})$ 间的相关系数满足：

$$\eta_{i,j} = \frac{Cov[x_i(\hat{t}), x_j(\hat{t})]}{\sqrt{D[x_i(\hat{t})]}\sqrt{D[x_j(\hat{t})]}}$$

$$= Cov\{[\rho_i Y(\hat{t}) + \sqrt{1-\rho_i^2}\varepsilon_i(\hat{t})], [\rho_j Y(\hat{t}) + \sqrt{1-\rho_j^2}\varepsilon_j(\hat{t})]\}$$

$$= \rho_i\rho_j D[Y(\hat{t})] = \rho_i\rho_j \tag{6.28}$$

利用最小二乘法估计各银行敏感系数 $\hat{\rho}_i$（$i=1,2,\cdots,m$），使估

计到的 $\hat{\rho}_i$（i = 1，2，…，m）与式（6.27）得到的相关系数 $\hat{\eta}_{i,j}$ 尽量满足式（6.28），有：

$$\min_{\hat{\rho}_i,\hat{\rho}_j} \sum_{i \neq j} (\hat{\eta}_{i,j} - \hat{\rho}_i \hat{\rho}_j)^2$$

$$\text{s.t.} \quad -1 \leq \rho_i \leq 1 \qquad\qquad (6.29)$$

解式（6.29）的最小规划，得到各银行对系统性风险因素的敏感系数 $\hat{\rho}_i$（i = 1，2，…，m）。具体计算结果见表 6 - 1。

表 6 - 1   各银行其他参数估计结果

银行	敏感系数	回归系数	目标资产负债率	破产赔付比例（%）	存款变动率
平安	0.8711	0.06307	1.05486	6.6	0.3221
宁波	0.7763	0.06307	1.05486	6.6	0.3748
浦发	0.9085	0.06307	1.05486	6.6	0.2409
华夏	0.8004	0.06307	1.05486	6.6	0.1624
民生	0.8858	0.06307	1.05486	6.6	0.2531
招商	0.8642	0.06307	1.05486	6.6	0.1769
南京	0.8704	0.06307	1.05486	6.6	0.3419
兴业	0.9254	0.06307	1.05486	6.6	0.2707
北京	0.7769	0.06307	1.05486	6.6	0.2301
交通	0.8723	0.06307	1.05486	6.6	0.1669
工商	0.9209	0.06307	1.05486	3.2	0.1191
建设	0.9093	0.06307	1.05486	3.2	0.1302
中行	0.8827	0.06307	1.05486	3.2	0.1333
中信	0.7562	0.06307	1.05486	6.6	0.2187

三　其他参数确定

以 14 家上市银行 2008—2012 年共 280 个季度末资产负债率数据，由式（6.7）建立我国上市银行资产负债率滞后一期的自回归模型，由于目标资产负债率为隐含参数，现将式（6.7）进行整理得到：

$$v_i(T)^+ = \kappa_0 + \kappa_1 v_i(T) \tag{6.30}$$

式中，$\kappa_0 = \kappa v^*$（这里假设各银行目标资产负债率相同，即有 $v_1^* = v_2^* = \cdots = v_m^* = v^*$），$\kappa_1 = 1 - \kappa$。式（6.30）的回归结果 $\kappa_0 = 0.06653$，$\kappa_1 = 0.93693$ 均在99%的置信水平下通过显著性检验（$R^2 > 88\%$），进而得到参数 $\kappa = 0.06307$，$v^* = 1.05486$。

根据美国联邦存款保险公司（FDIC）1934—1997 年的存款损失赔偿记录，银行的破产赔付比率与银行的规模相关，资产规模排名前 50 的银行中，破产银行的平均破产赔付比率为3.2%，而资产规模排名 51—100 的银行中，破产银行的平均破产赔付比率为6.6%。[①] 从我国各样本银行的规模来看，国有银行规模显著大于非国有银行，因此，本章借鉴美国存款保险公司的经验，取样本银行中国有银行的破产赔付比率为3.2%，而非国有银行的破产赔付比率为6.6%。具体结果见表6-1。

根据各样本银行 2008—2012 年每年末的存款价值确定存款价值的一次性变动率。具体步骤为：

①以每年初各银行存款价值为本金，按当年该银行的一年期存款利率计算年末的存款本息；

②用每年末各银行的实际存款价值除以步骤①中计算出的各银行年末存款本息，得到各银行各年度存款价值的一次性变动率；

③计算各银行四年间存款价值一次性变动率的均值，作为各银行存款价值变动率 g_i 的估计值。

具体结果见表6-1。

根据国际清算银行（BIS）建立的向量误差模型的测算结果，与银行信贷有关的系统性指标中信贷/GDP 比率缺口的效果最优，且信贷指标在历次金融危机中的表现较为稳定，加上数据的易得性和准确性，本章选取信贷/GDP 比率作为代表系统性风险因素的宏观经济指标。根据季度数据计算 2008—2012 年银行系统总信贷/GDP 比率的均

① Oshinsky, Robert, Effects of Bank Consolidation on the Bank Insurance Fund [R]. Division of Research and Statistics, Federal Deposit Insurance Corporation, 1999.

值和方差，进而对各年度末银行信贷/GDP 比率进行标准化，得到的结果作为衡量 2008—2012 年各年度系统性风险因素的指标。具体结果见表 6 - 2。

表 6 - 2 以信贷/GDP 比率衡量的各年度系统性风险因素的估计值

2008 年	2009 年	2010 年	2011 年	2012 年
- 1. 546	0. 433	0. 491	0. 226	0. 616

第四节 模拟分析

一 基本模拟结果

本节给出各银行逆周期费率的基本模拟结果，第六章第四节第三小节将进一步研究逆周期系数及投保比例变化情况下各银行逆周期费率的变动情况（参数的最优取值问题将在本书第七章中进一步讨论）。取逆周期系数 $\lambda = 0.3$，投保比例 $\beta = 0.8$ 其他参数见表 2 - 1 和表 6 - 1，由第六章第二节第三小节的模拟方法，模拟了 10000 条系统性风险因素可能的路径，并在每条路径下分别对 14 家上市银行的特定风险因素进行了 100 次模拟，总计进行了 1400 万次模拟，各银行基础费率模拟结果趋于稳定。估计得到了 14 家上市银行 2008—2012 年度存款保险的基础费率，并根据表 6 - 2 中各年度系统性风险因素的估计结果，计算得到各银行各年度的逆周期费率，具体测算结果见表 6 - 3。

从模拟结果来看：各银行五年间存款保险的基础费率存在一定差异，总体变动范围在 9‰—19‰；相对于非国有银行，国有银行的基础费率偏低，主要是国有银行的破产赔付率相对较低（大银行破产后资产更易变现，破产成本相对较低等原因；各银行每年的存款保险费率与该年度的系统性风险因素呈正相关关系，即系统风险性因素相对较低的年度各银行存款保险费率也相对较低；反之亦然。各年度存款保险费率具有一定的逆周期特点。

表 6 - 3　　　　2008—2012 年各银行的逆周期费率计算结果

银行	基础费率（‰）	逆周期系数为 0.3、投保比例为 80% 情况下各年度费率（‰）				
		2008 年（y_1 = -1.546）	2009 年（y_2 = 0.433）	2010 年（y_3 = 0.491）	2011 年（y_4 = 0.226）	2012 年（y_5 = 0.616）
平安	16.6063	10.4446	18.6299	18.8793	17.6936	19.4086
宁波	15.7615	9.9133	17.6822	17.9188	16.7935	18.4212
浦发	17.3383	10.9050	19.4511	19.7115	18.4735	20.2641
华夏	17.3032	10.8830	19.4117	19.6716	18.4361	20.2231
民生	16.4235	10.3297	18.4248	18.6714	17.4988	19.1949
招商	18.9730	11.9332	21.2850	21.5699	20.2152	22.1747
南京	15.7340	9.7998	17.4797	17.7136	16.6011	18.2103
兴业	16.8792	10.6163	18.9361	19.1895	17.9843	19.7275
北京	15.7641	9.9149	17.6851	17.9218	16.7962	18.4243
交通	17.8269	11.2123	19.9993	20.2669	18.9941	20.8352
工商	9.4686	5.9553	10.6224	10.7646	10.0885	11.0664
建设	9.5145	5.9842	10.6739	10.8168	10.1374	11.1201
中行	9.3032	5.8513	10.4369	10.5766	9.9123	10.8731
中信	16.6233	10.4553	18.6490	18.8986	17.7117	19.4285

二　不同费率计算方法比较

　　为讨论本章提出的存款保险定价方法的特点，本节比较了投保比例为 80% 的情况下，基于跨期系统性风险因素的逆周期存款保险定价法（以下简称逆周期定价法）和基于跨期系统性风险因素的均衡费率定价法（以下简称均衡费率定价法）以及默顿看跌期权定价方法下计算的存款保险费率之间的关系。其中，均衡费率定价方法是在本章给出的研究框架下，剔除费率的逆周期特点，使存款保险各年度的赔付责任与保费支付额的精算现值相等，且各年度具有同样的费率。因此，均衡费率的计算方法为逆周期系数 $\lambda = 0$ 时第六章第二节第三小节给出的模拟方法，具体计算结果见表 6 - 4。逆周期定价法下费率计算结果见表 6 - 3。下面简单介绍比例投保情况下，默顿看跌期权定价法下费率的计算过程。

省略区分不同银行的字母 i，根据默顿看跌期权定价法[①]，将存款保险看作是以银行资产为标的的期权，由式（6.5）得保险期末 T 时刻存款保险机构的赔付责任满足：

$$L_{默顿}(T) = \begin{cases} \beta D(T), & V(T) < (1-\beta)D(T) \\ \alpha\beta D(T), & (1-\beta)D(T) \leqslant V(T) < D(T) \\ 0, & V(T) \geqslant D(T) \end{cases} \quad (6.31)$$

进一步地，可改写为：

$$\begin{aligned} L_{默顿}(T) &= \alpha\beta D(T)\{I[V(T) < D(T)] - \\ & I[V(T) < (1-\beta)D(T)]\} + \\ & \beta D(T)I[V(T) < (1-\beta)D(T)] \\ &= \alpha\beta D(T)I[V(T) < D(T)] + \\ & (1-\alpha)\beta D(T)I[V(T) < (1-\beta)D(T)] \end{aligned} \quad (6.32)$$

式中，$I(.)$ 为示性函数。由式（6.32）可知，在 T 时刻存款保险的价值，可看作以银行资产为标的，执行价格分别为 $D(T)$ 和 $(1-\beta)D(T)$ 的两个"现金或无价值"看跌期权价值的和，因此存款保险在 0 时刻的总保费可以表示为这两个期权价格之和。根据默顿看跌期权定价公式，两个期权价格分别为：

$$H_{默顿,1} = \alpha\beta D(T)e^{-r_f T}N(-d_1) \quad H_{默顿,2} = (1-\alpha)\beta D(T)e^{-r_f T}N(-d_2)$$

$$(6.33)$$

式中，$V(0)$ 为保险期初银行资产价值，$d_1 = \{\ln[V(0)/D(T)] + (r_f - \sigma^2/2)T\}/(\sigma\sqrt{T})$，$d_2 = \{\ln[V(0)/D(T)] - \ln(1-\beta) + (r_f - \sigma^2/2)T\}/(\sigma\sqrt{T})$。得到比例投保情况下总保费 $H_{默顿} = H_{默顿,1} + H_{默顿,2}$，费率 $hh = H_{默顿}/[\beta D(0)]$，$D(0)$ 为保险期初存款价值。依据 2008—2012 年间各银行资产负债数据，取保险期限 T = 1 计算默顿看跌期权定价法下各年度存款保险费率，具体结果见表 6 - 4。

[①] 宋斌、林则夫、刘黎黎等：《基于博弈期权的可转债定价模型及其实证研究》，《系统管理学报》2013 年第 6 期。

表6-4   不同费率计算方法的比较

银行	均衡费率（‰）	默顿看跌期权定价法下的费率（‰）				
		2008 年	2009 年	2010 年	2011 年	2012 年
平安	16.001	20.733	21.655	14.688	0.047	1.58E - 05
宁波	15.438	15.882	10.907	12.575	3.038	0.039
浦发	16.719	24.769	22.797	15.970	2.476	1.17E - 04
华夏	16.764	22.548	11.834	8.570	11.948	4.54E - 04
民生	15.969	14.502	10.017	0.577	3.385	0.001
招商	18.370	23.637	19.947	12.601	0.845	0.013
南京	14.918	9.161	5.048	8.221	0.056	0.002
兴业	16.491	21.730	16.996	12.205	13.709	0.002
北京	15.451	15.520	11.252	5.222	0.032	1.452
交通	17.104	14.291	12.820	5.183	0.013	0.003
工商	8.708	6.430	2.646	1.604	0.003	6.17E - 06
建设	8.903	7.091	3.831	1.168	0.001	2.61E - 06
中行	8.785	3.320	1.308	0.097	4.08E - 07	3.62E - 11
中信	16.247	13.377	5.770	8.665	0.510	2.14E - 04

注：表中结果均为投保比例为80%的情况。

与逆周期定价法和均衡费率定价法相比，在默顿看跌期权定价法下，各银行的存款保险费率差异较大，即使是同一银行，在不同年份的存款保险费率也存在很大差别。根据孔特等（Kunt，2005）[①] 的统计结果，当计费基础为受保存款时，实行风险费率国家或地区费率标准的变动范围是0.5‰—50‰。从这一标准看，逆周期定价方法和均衡费率定价方法下计算的费率均在合理范围内，而使用默顿看跌期权定价法，2010—2012 年部分银行的存款保险费率偏低。

在三种存款保险定价方法下，分别计算各银行五年间存款保险费率的均值，结果见图6-1。从各银行五年间存款保险费率的均值来

① Kunt, A. D., Baybars, K. and Luc, L., Deposit insurance around the world：A comprehensive database［R］. Policy Research Working Paper No. 3628, Washington D. C.：World Bank, 2005.

看，采用默顿看跌期权定价法计算的费率相对较低，且各银行间平均费率的差异较大；采用逆周期定价法计算的费率略高于采用均衡费率定价法计算的费率。

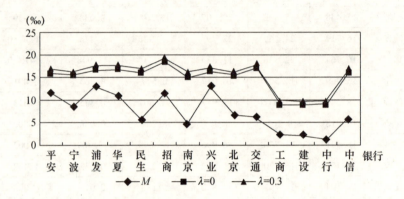

图 6-1　不同费率计算方法下五年间各银行存款保险费率的均值

　　在三种存款保险定价方法下，分别计算各年度 14 家上市银行存款保险费率的均值，具体结果见图 6-2。从各年度银行间平均费率的趋势来看，默顿看跌期权定价法下计算的费率在 2008 年显著高于其他两种方法计算的费率，而在 2009—2012 年显著低于其他两种方法计算的费率，结合 2008—2012 年间的经济背景，默顿看跌期权定价法下计算的费率具有较强的顺周期特点；均衡费率定价法下，银行在 2008—2012 年具有统一的费率，即费率不随经济形势的变化而改变，具有非顺周期的特点；逆周期定价法下，当 2008 年经济形势相对较差时，银行面临的费率相对较低，而当 2009—2012 年经济形势相对好转时，银行面对的费率相对较高，即逆周期存款保险定价法下计算的费率在一定程度上具有"丰年补歉年"的逆周期特点。

　　三　敏度分析
　　取 $\lambda = 0.3$、$\beta = 0.7—1$，其他参数见表 2-1 和表 6-1，模拟得到 14 家上市银行 2008—2012 年度，不同投保比例条件下逆周期存款保险的基础费率，具体测算结果见表 6-5。各银行不同投保比例下存款保险基础费率存在一定差异，总体变动范围在 7‰—25‰；各银行存款保险的基础费率均随投保比例的降低而提高，且这种提高速度逐渐增加。

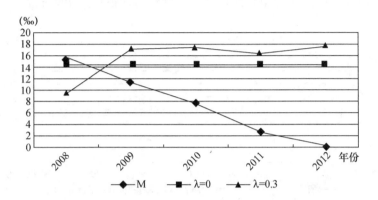

图 6 - 2　不同费率计算方法下五年间 14 家银行平均费率的趋势

表 6 - 5　　　　　不同投保比例下存款保险的基础费率计算结果

银行	逆周期系数为 0.3 的情况下不同投保比例的基础费率（‰）			
	投保比例 70%	投保比例 80%	投保比例 90%	投保比例 100%
平安	21.2051	16.6063	16.2783	15.9094
宁波	19.1007	15.7615	15.4932	15.2636
浦发	22.8720	17.3383	16.2215	15.9984
华夏	20.4788	17.3032	17.0542	16.9081
民生	21.7204	16.4235	15.1754	14.9698
招商	22.9199	18.9730	18.2429	17.9966
南京	24.6025	15.7340	14.4964	14.2351
兴业	21.9847	16.8792	15.7651	15.5304
北京	20.4355	15.7641	15.3792	15.2102
交通	23.8371	17.8269	16.5754	16.2893
工商	15.1943	9.4686	7.8692	7.7174
建设	14.1639	9.5145	7.8671	7.7796
中行	21.0889	9.3032	7.5975	7.4331
中信	20.7120	16.6233	16.0255	15.7857

图 6 - 3 比较了所有 14 家银行的平均费率、11 家非国有银行的平

均费率以及 3 家国有银行的平均基础费率对投保比例的反应趋势，结果显示在各种投保比例之下，国有银行存款保险的基础费率较非国有银行相对较低，这种差异性在投保比例较高的情形下更为显著。

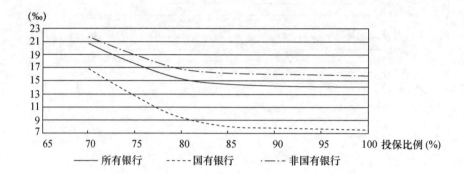

图 6-3　存款保险基础费率对投保比例的反应趋势

取 β = 0.8、λ = 0.1—0.5，其他参数见表 6-1 和表 6-2，模拟得到 14 家上市银行 2008—2012 年度，逆周期存款保险的逆周期费率随逆周期系数变化的反应趋势，具体测算结果见图 6-4 和图 6-5。从图 6-5 来看，随逆周期系数的增加，五年间存款保险费率的逆周期特点更加显著，而相应的基础费率也逐渐增加。基础费率反映银行在各种经济环境下需支付的平均费率，基础费率的提高意味着银行需支付一定的额外成本[1][2]，而存款保险的逆周期特点越显著，相应的额外成本也越高。

综上所述，本章在跨期存款保险定价模型下引入了系统性风险因素，将宏观经济波动的影响纳入存款保险定价的框架下，构建了具有逆周期特点的存款保险定价模型，并通过模拟方法估计得到五年间 14 家银行的存款保险费率。本章计算得到的存款保险费率既能反映各银行的风险特征又与宏观经济状况相关，具有一定的逆周期特点，在一

[1]　Hanno, Lustig H., Roussanov, N. and Verdelhan, A., Countercyclicalcurrencyrisk-premia [J]. *Journal of Financial Economics*, 2014, 111, pp. 527-553.

[2]　Verdelhan, A., A habit-based explanation of the exchange rate risk premium [J]. *Finance*, 2010, 65 (1), pp. 123-145.

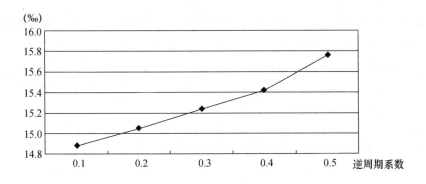

图 6 - 4　存款保险基础费率随逆周期系数变化的反应趋势

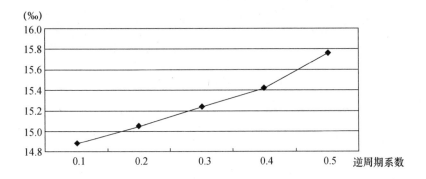

图 6 - 5　存款保险各年度费率随逆周期系数变化的反应趋势

定程度上弱化了长期内存款保险可能引起的经济周期波动效应，弥补了现有单期框架下费率厘定机制所具有的顺周期特点的不足。

基本结论包括：

（1）基于跨期系统性风险因素的逆周期存款保险定价法，使银行支付的存款保险费率具有一定的逆周期特点，在一定程度上抑制了保费缴纳可能对各银行产生的经济波动效应。

（2）存款保险的基础费率反映各银行的风险特征，逆周期系数反映经济形势变化对费率的影响，模拟结果显示，基础费率随银行存款参保比例的上升而降低。

（3）费率逆周期特点使存款保险机构的准备金更加波动，因此，这种保费安排存在一定成本，表现为逆周期存款保险费率略高，额外保费用于补偿费率逆周期特点可能带来的额外风险，且逆周期特点越显著，这种额外成本越高。

（4）原则上监管机构可以在额外保费成本与保费的逆周期性之间进行权衡，以确定合适的逆周期系数，但考虑到单期存款保险保费与银行违约风险水平差异越大银行的道德风险行为可能越严重，存款保险公司或可限定逆周期系数的上限。

第七章　权衡存款保险正负效应的定价方法

第一节　引言

本书的第三章、第四章和第五章分别从存款保险的存款稳定效应、风险传导抑制效应和风险激励效应三个方面研究存款保险可能对银行系统产生的正负效应。本书第六章在跨期模型下，构建了存款保险逆周期式定价模型。本章应用前面章节的结论和模型，设计权衡存款保险各种正负效应的逆周期式定价方法。

在权衡存款人、银行、保险公司和监管机构四方利益的基础上，本章对于存款保险定价方法及相关条款的设计主要依据以下几项基本原则：

（1）维护公共政策目标。[1] 存款保险制度的首要目标就是保护存款人利益，维护金融系统的稳定性，因此费率厘定方法首先要保证存款保险制度的存款稳定效应和风险传导抑制效应。

（2）减轻银行可能产生的"道德风险"行为。在银行投保额度、差别费率调节方法等多方面灵活设计，从而在一定程度上抑制银行的风险转移行为。

（3）保证存款保险基金充足。[2][3] 充足的保险基金对于保证存款保险制度有效运行至关重要。存款保险机构应当建立良好的基金积累机制以

[1] Engineer, M, H., Schurea, P. and Gillis, M., Apositive analysis of deposit insurance provision: Regulatorycompetition among European Union countries [J]. *Journal of Financial Stability*, 2013, 9: 530 – 544.

[2] Chia – Ling, Ho, C. L., Lai, G. C. and Lee, J. P., Financial reform and the adequacy of deposit insurance fund: Lessons from Taiwanese experience [J]. *International Review of Economics and Finance*, 2014, 30: 57 – 77.

[3] Jeon, B. N., From the 1997 – 1998 Asian financial crisis to the 2008 – 2009 global economics crisis: Lessons from Korea's experience [J]. *East Asian Law Review*, 2010, 5, pp. 103 – 154.

满足投保银行的出险理赔要求或对缺乏流动性的银行提供资金救助。

（4）减轻存款保险费率的顺周期特点。①

第二节　权衡正负效应定价模型的构建

一　模型假设

综合本书第三章、第四章、第五章和第六章内容，本章模型基于以下假设：

①银行资产价值：假设 t 时刻银行资产价值满足：

$$V(t) = x(t)y(t) \tag{7.1}$$

式中，$x(t)$ 为银行资产的特质因素，服从几何布朗运动：

$$dx(t)/x(t) = \mu dt + \sigma dw(t) \tag{7.2}$$

这里，μ 为银行资产的即时收益率，σ 为即时收益率的波动率，$w(t)$ 遵循维纳过程。$y(t)$ 表征了经济形势对银行资产价值的影响，$y(t)$ 与 $w(t)$ 独立。

假设 $y(t)$ 只有两个取值，当 t 时刻经济处于上行期，有 $y(t) = y_H$，当 t 时刻经济处于下行期，有 $y(t) = y_L$，其中 $y_L < 1 < y_H$。假设当第 $T-1$ 年末经济形势变量 $y(T-1) = y_H(y_L)$ 时，第 T 年末经济形势变量维持 $y(T) = y_H(y_L)$ 的概率为 λ，相应地，经济形势变量跳变为 $y(T) = y_L(y_H)$ 的概率为 $1 - \lambda$。

②银行负债价值：假设银行负债全部来源于存款，银行的存款价值满足：

$$dD(t)/D(t) = r_f dt \tag{7.3}$$

其中，r_f 为无风险利率。为简化模型，本章假设银行一年期存款利率即为无风险利率。在经济下行期存款人可能产生不安情绪，进而集中提款，造成银行系统的存款流失现象，假设存款流失率 θ 与存款

---

① 柯孔林、冯宗宪、陈伟平：《银行资本监管的经济波动效应》，《系统工程理论与实践》2013 年第 2 期。

保险投保比例 β 之间满足：

$$\theta(\beta) = \gamma_1 e^{-\gamma_2\beta} \qquad\qquad (7.4)$$

式中，$0 < \gamma_1 < 1$ 为银行不购买存款保险情况下的存款流失率，$\gamma_2 > 0$ 为存款保险投保比例对存款流失率的影响系数。假设存款流失现象集中发生在年末。

③存款保险赔付：假设银行为其存款购买 n 年期存款保险，投保比例为 $\beta(0 < \beta < 1)$。在保险期间银行每年年末接受审查，如果在第 T 年末，银行资产价值大于等于负债价值，即 $V(T) \geqslant D(T)$，则银行经营状况良好；相反，若 $V(T) < D(T)$，则银行出现存款支付困难，进入破产清算过程。由于清算过程中未保险存款的偿还顺序优于被保险存款，当银行破产时资产损失程度很高，出现 $V(T) < (1-\beta) \cdot D(T)$ 时，清算后银行的资产 $V(T)$ 将全部用于偿还未保险存款，被保险存款 $\beta D(T)$ 将全部由存款保险机构偿还；当银行破产时资产损失程度相对较低，即有 $(1-\beta)D(T) \leqslant V(T) < D(T)$ 时，银行的资产能偿还部分被保险存款，假设此时存款保险机构承担总承保存款的一定比例 $\alpha(0 < \alpha \leqslant 1)$[①]，即存款保险机构的支付额为 $\alpha\beta D(T)$。因此，第 T 年末存款保险机构对银行的赔付责任为：

$$L(T) = \begin{cases} \beta D(T)，前\ T-1\ 年银行均不破产, \\ \qquad 且\ V(T) < (1-\beta)D(T) \\ \alpha\beta D(T)，前\ T-1\ 年银行均不破产, \\ \qquad 且\ (1-\beta)D(T) \leqslant V(T) < D(T) \\ 0，其他 \end{cases} \qquad (7.5)$$

④存款保险基金：假设 t 时刻存款保险基金价值满足：

$$\Omega(t) = z(t)y(t) \qquad\qquad (7.6)$$

式中，$z(t)$ 为存款保险基金价值的特质因素，满足：

$$\mathrm{d}z(t)/z(t) = \mu_D\mathrm{d}t + \sigma_D\mathrm{d}q(t) \qquad\qquad (7.7)$$

式中，μ_D 为存款保险基金的即时收益率，σ_D 为存款保险基金的

---

① George G. Pennacchi, Bank deposit insurance and business cycles: Controlling the volatility of risk - based premiums [C]. Conference Series, Federal Reserve Bank of Boston, 2002.

波动率，$q(t)$ 为与 $y(t)$、$w(t)$ 独立的维纳过程。第 T 年初存款保险基金的价值为第 T−1 年末存款保险基金的积累价值扣除第 T−1 年末用于赔付的金额，再加上第 T 年初征收的总保费价值。

⑤其他行为：第 T 年末银行接受审查后，如果其资产状况符合持续经营的要求，则下列调整发生：

a. 银行存款价值发生一次性变化。相对于年初，当年末经济形势不发生跳变，则存款价值以 g 的速度增长；当年末经济形势由上行期跳变为下行期，则存款价值发生一次性跳变，变为原年末价值的 $(1+g)(1-\theta)$ 比例；相反，当年末经济形势由下行期跳变为上行期，存款价值一次性增加为原年末价值的 $(1+g)/(1-\theta)$ 倍，即：

$$D(T)^+ = \begin{cases} (1+g)(1-\theta)D(T), & y(T-1)=y_H \text{ 且 } y(T)=y_L \\ (1+g)D(T), & y(T-1)=y(T)=y_H \text{ 或} \\ & y(T-1)=y(T)=y_L \\ (1+g)/(1-\theta)D(T), & y(T-1)=y_L \text{ 且 } y(T)=y_H \end{cases}$$

$$(7.8)$$

式中，$D(T)^+$ 为变化后第 T 年末银行的存款价值，也即第 T+1 年初银行的存款价值。

b. 银行支付下一年度存款保险保费 $h_{T+1}\beta D(T)^+$，其中 h_{T+1} 为银行在第 T+1 年度的存款保险费率。

c. 银行通过回购股票或发放股利等手段，调整其资产负债率，令 $v(T)=V(T)/D(T)$ 为调整前银行的资产负债率，$v(T)^+ = V(T)^+/D(T)^+$ 为调整后银行 i 的资产负债率，其中，$V(T)^+$ 为调整后第 T 年末银行的资产价值，也即第 T+1 年初银行的资产价值，调整前后银行的资产负债率满足自回归过程，即：

$$v(T)^+ = \kappa_0 + \kappa_1 v(T) \tag{7.9}$$

式中，κ_1 为回归系数，κ_0 为回归常数项。

式（7.9）包括负债价值一次性变化引起资产价值的变化，忽略具体资产变化的过程。假设这些因素引起资产价值一次性变动，即银行 i 根据年初存款变化及保费缴纳的具体情况，决定回购股票或发放股利的数量，从而调整其资产负债率。

二　基于资产波动率调整的存款保险保费确定方法

存款保险费率厘定方法是本书的核心，也是影响各利益相关者策略集的关键。传统的风险调整费率确定方法多基于银行的历史数据，即根据投保前银行资产的波动率确定适当保费，具有一定的滞后性，不能真实反映投保年度期间银行的实际风险，进而可能激励银行产生道德风险行为。本节给出基于投保年度期间银行资产波动率调整的存款保险费率确定方法。

根据本章假设，运用本书第六章逆周期费率的推导方法，得到给定 n 年经济形势变量 $yy_n = yy_n(1)$ 时，银行 n 年期存款保险的条件基础费率：

$$H\big|_{[yy_n=yy_n(l)]} = \frac{\sum_{T=1}^{n} D(T) \times [\alpha P_{T,L}(yy_n(l)) + P_{T,H}(yy_n(l))]}{\sum_{T=1}^{n} [1 + (-1)^{I[y(T-1)<1]} \times (1 - e^{-\rho \times |y(T-1)-1|})] \cdot D(T-1)^+ P_{T-1,N}[yy_n(l)]}$$

(7.10)

式中，$P_{T,L}[yy_n(l)]$、$P_{T,H}[yy_n(l)]$ 和 $P_{T-1,N}(yy_n(l))$ 分别为银行在第 T 年末低损失破产、高损失破产及银行在第 $T-1$ 年末不破产的条件概率，$\rho > 0$ 为费率逆周期系数。

式（7.10）的推导方法见第六章第二节第二小节。在考虑 n 年经济形势变量所有可能的情况下，则由全概率公式得到银行 n 年期存款保险的无条件基础费率为：

$$H^* = \sum_{l=1}^{2^n} H\big|_{[yy_n=yy_n(l)]} \times \Pr[yy_n = yy_n(l)]$$

(7.11)

由于每年末经济形势变量只有两种可能的取值，易得 n 年经济形势变量共有 2^n 条可能的路径。

本章提出的存款保险保费确定及调整方法如下：

（1）首年度的存款保险保费。由式（7.10）、式（7.11）得到投保比例为 $\beta(0 < \beta < 1)$、投保年限为 n、前 n 年平均资产波动率为 $\bar{\sigma}_0$ 的银行，首年度存款保险保费为：

$$h_1 = \{H_1^* [1 + (-1)^{I(y(0)<1)}(1 - e^{-\rho \cdot |y(0)-1|})] + AH_1^*\}D(0)$$

$$= H_1^* [1 + (-1)^{I(y(0)<1)}(1 - e^{-\rho \cdot |y(0)-1|}) + H]D(0) \quad (7.12)$$

式中，$H_1^* = \sum_{l=1}^{2^n} H_1 \big|_{[yy_n = yy_n(l)]} \Pr[yy_n = yy_n(l)]$ 为首年度计算的基础费率，满足：

$$H_1 \big|_{[yy_n = yy_n(l)]} = \frac{\sum_{T=1}^{n} D(T)\{\alpha P_{T,L}[yy_n(l), \overline{\sigma}_0] + P_{T,H}[yy_n(l), \overline{\sigma}_0]\}}{\sum_{T=1}^{n} \{1 + (-1)^{I(y(0)<1)}[1 - e^{-\rho \cdot |y(0)-1|}]\} \cdot}$$

$$D(T-1)^+ P_{T-1,N}[yy_n(l), \overline{\sigma}_0]$$

式中，$P_{T-1,N}(yy_n(l), \overline{\sigma}_0)$、$P_{T,H}[yy_n(l), \overline{\sigma}_0]$ 和 $P_{T-1,N}[yy_n(l), \overline{\sigma}_0]$ 分别是银行资产波动率为 $\overline{\sigma}_0$ 的情况下，银行在第 T 年末低损失破产、高损失破产及银行在第 $T-1$ 年末不破产的条件概率。

式（7.12）中，AH_1^* 为第 1 年存款保险机构对银行收取的附加费率，附加费率主要涵盖存款保险机构除赔付责任外的其他运营成本及银行破产产生外部效应的相关成本。[①] 关于附加保费的含义及确定方法，非本书研究的核心内容，已在另文中详细研究，为简化模型，这里假设附加费率为基础费率的一定比例，即有 $AH_1^* = \varpi_H H_1^*$（第 2 至 n 年附加费率做同样处理）。

（2）投保后第二年至第 n 年的存款保险保费。第 T（T = 2，3，…，n）年初存款保险费率的确定方法：首先，计算银行前 T - 1 年的资产波动率 σ_1，…，σ_{T-1}。其次，对计算费率的银行资产波动率进行调整，第 T 年初调整后银行资产波动率为：

$$\overline{\sigma}_T = \frac{1}{n}[\overline{\sigma}_0(n - T + 1) + \sigma_1 + \cdots + \sigma_{T-1}] \quad (7.13)$$

进一步地，根据调整后银行信贷投资波动率 $\overline{\sigma}_T$，计算第 T 年初调整后银行前 T 年存款保险的条件基础费率：

---

① Malkonena, V. , Niinimaki, J. P. , Blanket guarantee, deposit insurance and restructuring decisions for multinational banks [J] . *Journal of Financial Stability*, 2012, 8, pp. 84 - 95.

$$H_T\big|_{[yy_n=yy_n(l)]} = \frac{\sum_{T=1}^{n} D(T)\{\alpha P_{T,L}[yy_n(l),\bar{\sigma}_T] + P_{T,H}[yy_n(l),\bar{\sigma}_T]\}}{\sum_{T=1}^{n}\{1+(-1)^{I[y(0)<1]}[1-e^{-\rho\times|y(0)-1|}]\}\cdot}$$

$$D(T-1)^+ P_{T-1,N}[yy_n(l),\bar{\sigma}_T]$$

$$(7.14)$$

式中，$P_{T,L}[yy_n(l),\bar{\sigma}_T]$、$P_{T,H}[yy_n(l),\bar{\sigma}_T]$ 和 $P_{T-1,N}[yy_n(l),\bar{\sigma}_T]$ 分别是银行资产波动率为 $\bar{\sigma}_T$ 的情况下，银行在第 T 年末低损失破产、高损失破产及银行在第 $T-1$ 年末不破产的条件概率。最后，计算第 T 年初银行应支付的存款保险调整保费。第 T 年初银行支付的存款保险保费的精算现值与前 $T-1$ 年已支付的存款保险纯保费的精算现值之和，应等于基于调整后银行资产波动率计算的前 T 年存款保险纯保费的精算现值，即有：

$$e^{rf(T-1)}h_T\big|_{[yy_n=yy_n(l)]}P_{T-1,N}[yy_n(l),\bar{\sigma}_T] + \sum_{k=1}^{T-1} e^{rf(k-1)}h_k\big|_{[yy_n=yy_n(l)]}\cdot$$

$$P_{k-1,N}[yy_n(l),\bar{\sigma}_T] = \sum_{k=1}^{T} e^{rf(k-1)}\beta D(k-1)^+ H_T\big|_{[yy_n=yy_n(l)]}\cdot$$

$$\{1+(-1)^{I[y(k-1)<1]}[1-e^{-\rho|y(k-1)-1|}] + \varpi_H\}P_{k-1,N}[yy_n(l),\bar{\sigma}_T]$$

式中，h_T 为第 T 年初银行应支付的存款保险保费（本节计算调整保费，而非费率），$D(k-1)^+$（$k=1,\cdots,T$）为第 k 年初银行的存款价值，$y(k-1)$ 为投保第 $k-1$ 年末的经济形势变量。整理后得到：

$$h_T\big|_{[yy_n=yy_n(l)]} = \frac{\sum_{k=1}^{T} e^{rf(k-1)}\beta D(k-1)^+ H_T\big|_{[yy_n=yy_n(l)]}\{1+(-1)^{I[y(k-1)<1]}\cdot}{e^{rf(T-1)}P_{T-1,N}[yy_n(l),\bar{\sigma}_T]}$$

$$\frac{[1-e^{-\rho\times|y(k-1)-1|}] + _H P_{k-1,N}[yy_n(l),\bar{\sigma}_T]\}}{-}$$

$$\frac{\sum_{k=1}^{T-1} e^{rf(k-1)}h_k\big|_{[yy_n=yy_n(l)]}P_{k-1,N}[yy_n(l),\bar{\sigma}_T]}{e^{rf(T-1)}P_{T-1,N}[yy_n(l),\bar{\sigma}_T]}$$

考虑所有经济形势变量可能的路径，第 T 年初银行应支付的存款保险调整保费为：

$$h_T = \sum_{l=1}^{2^n} h_T \big|_{[yy_n = yy_n(l)]} \times \Pr[yy_n = yy_n(l)] \tag{7.15}$$

（3）最后一年末的调整费率。保险期末需根据最后一年银行资产波动率对存款保险保费做最后一次调整，以保证 n 年总保费反映 n 年间各银行的期望赔付责任，与上述方法类似，以 n + 1 年代表保险期末时刻，有：

$$h_{n+1}\big|_{[yy_n = yy_n(l)]} = \frac{\sum_{k=1}^{n} e^{rf(k-1)} \beta D(k-1)^{+} H_{n+1}\big|_{[yy_n = yy_n(l)]} [1 + (-1)^{I(y(k-1)<1)} \cdot \frac{(1 - e^{-\rho \times |y(k-1)-1|}) + \varpi_H] P_{k-1,N}[yy_n(l), \bar{\sigma}_{n+1}]}{e^{rf_n} P_{n,N}[yy_n(l), \bar{\sigma}_{n+1}]} - \frac{\sum_{k=1}^{n} e^{rf(k-1)} h_k\big|_{[yy_n = yy_n(l)]} P_{k-1,N}[yy_n(l), \bar{\sigma}_n]}{e^{rf_n} P_{n,N}[yy_n(l), \bar{\sigma}_{n+1}]}$$

其中，

$$H_{n+1}\big|_{[yy_n = yy_n(l)]} = \frac{\sum_{T=1}^{n} D(T)\{\alpha P_{T,L}[yy_n(l), \bar{\sigma}_{n+1}] + P_{T,H}[yy_n(l), \bar{\sigma}_{n+1}]\}}{\sum_{T=1}^{n} \{[1 + (-1)^{I(y(0)<1)}[1 - e^{-\rho \times |y(0)-1|}]\} \cdot}$$

$$D(T-1)^{+} P_{T-1,N}(yy_n(l), \bar{\sigma}_{n+1})$$

式中，$P_{T,L}[yy_n(l), \bar{\sigma}_{n+1}]$、$P_{T,H}[yy_n(l), \bar{\sigma}_{n+1}]$ 和 $P_{T-1,N}[yy_n(l), \bar{\sigma}_{n+1}]$ 分别为平均资产波动率为 $\bar{\sigma}_{n+1}$ 的情况下，银行在第 T 年年末低损失破产、高损失破产及银行在第 $T-1$ 年末不破产的条件概率。考虑所有经济形势变量可能的路径，得到保险期末银行应支付的调整保费为：

$$h_{n+1} = \sum_{l=1}^{2^n} h_{n+1}\big|_{[yy_n = yy_n(l)]} \Pr[yy_n = yy_n(l)] \tag{7.16}$$

由上述推导可知，银行购买 n 年期存款保险，在第 T 年初应缴纳的存款保险保费受投保比例、银行资产波动率、费率逆周期系数以及前 T 年经济形势变量的共同影响。为表述方便，将 h_T 表示为 $h_T = h[\beta, \bar{\sigma}_T, \rho, y(1), \cdots, y(T)]$（T = 1, 2, $\cdots$, n + 1）。

三　监管机构、存款保险机构与银行间的博弈模型

上一节给出了基于银行资产波动率调节的存款保险保费确定方

法，在该方法的基础上，本节构建以银行、存款保险机构以及监管机构作为参与者的三方斯塔克尔伯格（Stackelberg）博弈模型[①]，即领导者—追随者模型，以进一步权衡存款保险制度的正负效应。由于具有逆周期特点的保费确定方法反映存款保险成本在多年度内的分摊，为考虑相关主体的反应策略，本章建立的博弈模型权衡了各利益主体方在保险期限 n 年内的总损益。同时，为避免银行在选择投保比例时出现"道德风险"行为（在经济上行期降低投保比例而在经济下行期增加投保比例）以致使存款保险基金不足，规定银行在 n 年初决定投保比例，并至少保持 n 年不变。相应的其他制度参数也维持 n 年不变。因此，本章博弈模型为多期条件下的非动态博弈，各利益主体方在期初决定合理的博弈策略，以维护其 n 年内的相关利益。

首先，存款保险制度通过提升存款人信心产生存款稳定效应，因此只有对存款人利益提供足够的保障，存款保险的这种稳定效应才能够产生作用，故监管机构需规定各银行存款保险投保比例的下限以维持存款稳定效应在适当水平。

其次，存款保险对银行产生的风险激励效应使过高的投保比例反而可能加大银行系统的风险，因此存款保险机构需规定各银行存款保险投保比例的上限，以使银行与保险机构处于风险共担的关系，在一定程度上抑制存款保险的风险激励效应。

最后，由于保费的逆周特征存在一定的额外成本，监管机构需在额外成本与保费逆周期性之间进行权衡：逆周期系数过高，可使银行投保比例相对较低（额外成本过高），从而使系统风险偏高；逆周期系数过低，难以有效地降低保费的顺周期特征，同样使长期内系统风险偏高，因此监管机构需以银行系统风险较小为目标，确定合理的逆周期系数。

另外，具有逆周期特征的保费使存款保险基金波动增大，从而保险机构难以收支平衡的风险增加，监管机构需提供政策支持以维持逆

---

① Liua, Y., Jib, Y. and Jiao, R. J., A Stackelberg Solution to Joint Optimization Problems: A Case Study of Green Design [J]. *Procedia Computer Science*, 2013, 16, pp. 333 – 342.

周期式存款保险制度的运行，因此，监管机构承诺每年为存款保险机构提供一定的融资额度，而融资额度的大小制约着逆周期系数的大小。因此，本节博弈模型需确定的制度参数包括存款保险投保比例上（下）限、逆周期系数以及监管机构承诺的再融资额度，在此基础上各银行将确定各自合理的投保比例。

从存款保险机构与银行两个主体方的角度构建第一层次的博弈模型，存款保险机构作为存款保险合同的订立方，具有确定存款保险费率的权力，视其为"领导者"，银行作为存款保险合同的履行方，是存款保险费率的接受者或服从者，视为追随者；从存款保险机构与监管机构两个主体方的角度构建第二层次的博弈模型，存款保险机构是第一个博弈模型的"领导者"，同时又是第二个模型的"跟随者"，即是监管机构制定规章政策的服从者，而监管机构则为第二层次博弈的"领导者"。监管部门作为"领导者"，具有先行一步的优势，可以通过制定合理的政策目标，影响存款保险机构的保险合同设计，进而影响银行的反应函数，从而在一定程度上协调存款保险的正负效应。

在斯塔克尔伯格博弈模型中，"领导者"要根据"跟随者"的反应函数以确定最优决策变量，因此，首先推导银行和存款保险机构的反应函数。

（一）银行的决策过程可表示为下面的最优规划问题

$$\max_{\beta_i} \min_{\sigma_i} \sum_{T=1}^{n} e^{-r_f T} \pi[S_i(T)]$$

$$\text{s.t.} \quad h_{i,T} = h[\beta_i, \overline{\sigma}_{i,T}, \rho, y(1), \cdots, y(T)]$$

$$\beta_{\min} \leq \beta_i \leq \beta_{\max} \tag{7.17}$$

式（7.17）的目标函数中 $\pi[S_i(T)]$ 为银行 i 在第 T 年末权益价值的前景值，有：

$$\pi[S_i(T)] = \sum_{l=1}^{2^n} u\{\ln(E[S_i(T)\mid_{yy_n=yy_n(l)}]) -$$

$$\ln \hat{S}_{i,T}\} \cdot W\{\Pr[yy_n = yy_n(l)]\}$$

$$= \sum_{l=1}^{2^n} u\{\ln(E[S_i(T)\mid_{yy_n=yy_n(l)}]) -$$

$$\ln \hat{S}_{i,T}\} \times \exp\{-(-\ln \Pr[yy_n = yy_n(l)])^\phi\} \quad (7.18)$$

其中，

$$u\{\ln(E[S_i(T)\big|_{yy_m=yy_n(l)}] - \ln \hat{S}_{i,T})\} = \begin{cases} 1 - \{E[S_j(T)\big|_{yy_n=yy_n(l)}]/\hat{S}_{i,T}\}^{\xi_1}, \\ E[S_i(T)\big|yy_n=yy_n(l)] \geqslant \hat{S}_{i,T} \\ -\eta\{1 - (E[S_i(T)\big|yy_n=yy_n(l)]/\hat{S}_{i,t})^{\xi_2}\}, \\ E[S_i(T)\big|yy_n=yy_n(l)] < \hat{S}_{i,T} \end{cases}$$

式中，$S_i(T)\big|_{yy_n=yy_n(l)}$ 为 n 年经济形势变量为 $yy_n(l)$ 情况下，第 T 年末银行 i 的权益价值，$\hat{S}_{i,T}$ 为第 T 年银行衡量损益的参照点，$u(.)$ 为以绝对风险规避效用函数表示的价值函数[①]，有：

$$u(x) = \begin{cases} 1 - e^{-\xi_1 x}, & x \geqslant 0 \\ -\eta(1 - e^{\xi_2 x}), & x < 0 \end{cases}$$

式中，$\xi_1 > 0$ 为收益区域对应的风险规避系数，$\xi_2 > 1$ 为损失区域对应的风险喜好系数，$\eta > 1$ 为损失规避系数。$W(.)$ 为主观概率权重函数，有 $W(P) = \exp[-(-\ln P)^\varphi]$，其中 φ 为曲率系数。关于式 (7.18) 的推导及银行权益前景值的介绍参见本书第五章。

式（7.17）的第一个约束条件为存款保险机构给出的费率确定及调整方法；第二个约束条件保证银行选择的投保比例在存款保险机构给出的投保比例上限和监管机构给出的投保比例下限之间。

式（7.17）待规划参数为银行确定的存款保险投保比例 β_i，即银行在其资产价值波动率 σ_i 不确定的环境下确定存款保险的投保比例。这里假设银行采用"最大最小"原则，即当资产波动率 σ_i 致使银行 n 年权益前景值最小的情况下，银行选择最优投保比例 β_i 以最大化最小权益前景值。将式（7.17）的最优解表示为函数 $g_{B,i}(.)$ 的形式，有：

$$\beta_i^* = g_{B,i}(\beta_{\min}, \beta_{\max}, \rho) \quad (7.19)$$

式（7.19）为银行 i 对存款保险制度的反应函数。

---

① Chevapatrakul, T., Monetary environments and stock returns revisited: A quantile regression approach [J]. *Economics Letters*, 2014, 123, pp. 122 – 126.

（二）存款保险机构的决策过程可表示为下面的最优规划问题

$$\max_{\beta_{\max}} \min_{\sigma_D} E\left[\Omega(n)\right]$$

s. t.　　　　$P_{\Omega,n,N} \geqslant \overline{P}$

$F = \overline{F}$

$\beta_i^* = g_{B,i}(\beta_{\min}, \beta_{\max}, \rho)$　　　　　　　　　　　（7.20）

式中，$\Omega(n)$ 表示第 n 年末存款保险基金累计值的随机变量，$P_{\Omega,n,N}$ 表示存款保险公司 n 年内不出现赔付困难的概率，即：

$$P_{\Omega,n,N} = Pr\left[\Omega(1) + F \geqslant \sum_{i=1}^{m} E(L_{i,1}) + \sum_{i=1}^{m} E(AL_{i,1}), \cdots, \Omega(n) + \right.$$

$$\left. F \geqslant \sum_{i=1}^{m} E(L_{i,n}) + \sum_{i=1}^{m} E(AL_{i,n})\right]$$　　　　（7.21）

式中，F 为存款保险机构可向中央银行再融资的额度，$\sum_{i=1}^{m} E(L_{i,T})$ 为第 T 年末存款保险机构对各银行的总期望赔付额，满足：

$$\sum_{i=1}^{m} E(L_{i,T}) = \sum_{i=1}^{m} D_i(T-1)^+ \beta_i \cdot \left[\alpha_i P_{i,T,L}(yy_T, \sigma) + \right.$$

$$\left. P_{i,T,H}(yy_T, \sigma)\right]$$　　　　（7.22）

式中，$\sum_{i=1}^{m} E(AL_{i,T})$ 为第 T 年末存款保险机构的总附加成本期望值，为简化模型，假设存款保险机构的总附加成本期望值为其总期望赔付额的一定比例，即有 $\sum_{i=1}^{m} E(AL_{i,T}) = \varpi_L \sum_{i=1}^{m} E(L_{i,T})$（$T = 1, 2, \cdots, n$）。

式（7.20）的前两个约束条件反映监管机构或中央银行的政策要求和政策扶持，其中，第二个约束条件为央行第 T 年末承诺存款保险机构的再融资额度；在一定的融资额度下，第一个约束条件要求存款保险机构 n 年内不出现赔付困难的概率在给定概率 P 以上；第三个约束条件为银行的反应函数。

式（7.20）待规划参数为存款保险机构规定的投保比例上限 $\beta_{\max}$，即存款保险机构在收益波动率 σ_D 不确定的环境下确定最优投保比例上限。同样假设保险公司采用"最大最小"原则，即当存款保险基金收益波动率 σ_D 致使 n 年末存款保险基金累计值较小情况下，存款保险机构选择投保比例上限 $\beta_{\max}$ 以使最差波动率环境下存款保险基金的累计值最大。将式（7.20）的最优解表示为函数 $g_D(.)$ 的形式，有：

$$\beta_{\max}^* = g_D(\overline{F}, \ \overline{P}, \ \rho) \tag{7.23}$$

式（7.23）为存款保险机构对监管机构政策的反应函数。

（三）监管机构的决策过程可表示为下面的最优规划问题

$$\min_{\rho, \overline{F}} \max_{\sigma_i} \sum_{T=1}^{n} e^{-r_f T} SW_T[\beta^*]$$

s. t. $\quad \beta_{\max}^* = g_D(\overline{F}, \ \overline{P}, \ \rho)$

$\qquad \beta_i^* = g_{B,i}(\beta_{\min}, \ \beta_{\max}, \ \rho)$

$\qquad \overline{P} \geqslant P^*, \ \overline{F} \leqslant F^* \tag{7.24}$

式（7.24）的目标函数中 $SW_T[\beta^*]$ 为银行系统第 T 年末的总资产预期短缺，满足：

$$SW_T[\beta^*] = \sum_{i=1}^{m} \{ \overline{W}_i(T) - \exp(\psi_{0,i,v} + \psi_{i-1,i,v} E[\ln W_i^*(T)] +$$

$$\sum_{s \neq i} \psi_{s,i,v} E[\ln W_s^*(T)] \} \tag{7.25}$$

式中，$\psi_{0,i,v}$，$\psi_{i-1,i,v}$ 以及 $\psi_{s,i,v}$ 为银行 i 预期短缺回归系数，$W_i^*(T)$ 及 $W_s^*(T)$ 分别为银行的策略集为 $\{\beta_1^*, \cdots, \beta_m^*\}$ 情况下，在第 T 年末银行 i 及银行 s 的总价值。银行总价值定义为股东价值与存款人价值之和，即监管机构以银行股东和存款人共同利益的角度度量系统短缺风险。本书第四章给出了式（7.25）参数的回归方法及回归结果（这里为简化模型，忽略资产价值一天内的变化）。

式（7.24）的前两个约束条件分别是存款保险机构和银行的反应函数；最后一个约束条件反映监管机构或中央银行的财政约束，即中央银行允许的再融资额小于一定限额且要求存款保险基金不出现赔付困难的概率足够大。

解式（7.24）的最优规划得到政策允许的再融资额度 $\overline{F}$，以及存款保险费率逆周期系数 ρ，即监管机构在银行资产价值波动率 σ_i 不确定的环境下确定最优再融资额度$\overline{F}$和逆周期系数ρ。假设监管机构采用"最小最大"原则,即当银行资产波动率σ_i致使银行系统n年的总预期短缺最大的情况下,最优再融资额度$\overline{F}$和逆周期系数ρ会使这一最大短缺不至于太大,即选择最优再融资额度$\overline{F}$和逆周期系数ρ以最小化最大预期短缺。

另外,假设监管机构对投保比例下限的确定,依据以下原则:

$$N(\beta_{\min}) \geqslant \overline{N} \tag{7.26}$$

函数$N(\beta)$为本书第五章确定的存款保险投保比例与银行抵御风险事件冲击次数的关系,即监管机构确定最小投保比例以保证每家银行抵御风险事件冲击次数至少为$\overline{N}$次。

将最优解$\overline{F}$、ρ、β_{min}代入存款保险机构和银行的反应函数,可解得最优投保比例上限β_{max}以及各银行的最优投保比例β_i。

四 博弈均衡的模拟方法

待规划参数包括各银行确定的投保比例β_i、存款保险机构确定的最大投保比例β_{max}、监管机构确定的最小投保比例β_{min}、逆周期系数ρ,以及承诺的再融资额度$\overline{F}$;环境变量包括:各银行资产收益波动率σ_i和存款保险基金收益波动率σ_D;需计算的中间变量为各银行各年度存款保险保费h_i。

由于本章待规划参数较多,且跨期条件下相关资产存在路径依赖性问题,规范的最优规划求解方法难以适用。因此,本章采用蒙特卡洛模拟方法进行数值求解,估计相关参数变化情况下各利益主体方的损益变化,以得到全局较优的满意解。首先由式(7.26)确定监管机构要求的投保比例下限。其他参数的求解过程如下:

(1)变量赋值。给出三种环境变量水平:高收益波动率水平、中等收益波动率水平和低收益波动率水平;给定逆周期系数、投保比例、再融资额度的所有可能取值。

(2)模拟银行的决策过程。①在每一种逆周期系数、投保比例和收益波动率水平可能的组合下,分别估计各银行各年度需缴纳的存款保险保费，进而计算该情形下各银行权益的前景值。②在每一种收益波动率水平下，计算各银行权益前景值的均值，以均值最小情况下对应的收益波动率水平作为该银行的决策环境，即银行在该收益波动率水平下确定最优投保比例以最大化其权益前景值，进而得到给定每种逆周期系数和投保比例上下限约束情况下，各银行选择的最优投保比例，即银行的反应函数。

（3）模拟存款保险机构的决策过程。①分别在三种不同收益波动率水平下，根据各银行的反应函数，计算不同逆周期系数和投保比例上下限约束下，存款保险基金每年应增加的总保费收入；估计每年末存款保险基金对所有银行的总赔付责任；同时考虑存款保险基金收入和赔付的影响，在每一种逆周期系数、融资额度、投保比例上下限和收益波动率水平可能的组合下，估计存款保险基金在第 n 年末的累计值和 n 年内足够赔付的概率。②在每一种收益波动率水平下，计算存款保险基金累计值的均值，以均值最小情况下对应的收益波动率水平作为存款保险机构的决策环境，即存款保险机构在该收益波动率水平下确定最优投保比例上限以最大化存款保险基金的累计值，同时需要满足存款保险基金 n 年内不出现赔付困难的概率足够大，进而得到给定每种逆周期系数、再融资额度和投保比例下限约束情况下，存款保险机构应确定的最优投保比例上限，即存款保险机构的反应函数。

（4）模拟监管机构的决策过程。①根据存款保险机构的反应函数，监管部门分别在三种不同收益波动率水平下，计算不同逆周期系数和再融资额度对应的投保比例上限。②根据银行的反应函数，在每一种收益波动率水平下，计算银行系统总短缺风险的均值，以均值最大情况下对应的收益波动率水平作为监管机构的决策环境，即监管机构在该收益波动率水平下确定满意的逆周期系数和再融资额度以使银行系统的总短缺风险最小。

（5）求均衡解。在确定监管机构的决策变量后，根据存款保险机构和银行的反应函数，得到存款保险机构确定的投保比例上限和各银行的最优投保比例。

根据以上分析，求解上述博弈的均衡状态。具体模拟估计过程如下：

（1）各银行存款保险费率的估计方法。由式（7.1）、式（7.2）可知，第 T（T = 1，2，…，n）年末影响银行资产价值的特质风险因素：

$$x(T) = \frac{\ln[V(T)/y(T)] - \ln[V(T-1)/y(T-1)] - (\mu - \sigma^2/2)}{\sigma}$$

$$\tag{7.27}$$

令 $c_L(T) = \dfrac{\ln[D(T)/y(T)] - \ln[V(T-1)/y(T-1)] - (\mu - \sigma^2/2)}{\sigma}$，

则第 T 年末银行不破产的条件 V(T) ⩾ D(T)，等价于 x(T) ⩾ c_L(T)。

令 $c_H(T) = \dfrac{\ln\{[(1-\beta)D(T)]/y(T)\} - \ln[V(T-1)/y(T-1)] - (\mu - \sigma^2/2)}{\sigma}$，

则第 T 年末银行出现低损失破产的条件（1 − β）D(T) ⩽ V_1(T) + V_2(T) < D(T)，等价于 c_H(T) ⩽ x(T) < c_L(T)。第 T 年末银行出现高损失破产的条件 V_1(T) + V_2(T) < （1 − β）D(T)，等价于 x(T) < c_H(T)。当前 T 年每年末宏观经济形势表示为向量 yy_T = {y(1)，y(2)，…，y(T)}时，银行在前 T − 1 年不破产且在第 T 年末低损失破产的条件概率为：

$$P_{T,L}(yy_T，\sigma) = \Pr[x(1) \geqslant c_L(1)，\cdots，x(T-1) \geqslant c_L(T-1)，$$
$$c_H(T) \leqslant x(T) < c_L(T)]$$

$$\tag{7.28}$$

同理，得银行在前 T − 1 年不破产且在第 T 年末高损失破产的条件概率为：

$$P_{T,H}(yy_T，\sigma) = \Pr[x(1) \geqslant c_L(1)，\cdots，x(T-1) \geqslant c_L(T-1)，$$
$$x(T) < c_H(T)]$$

$$\tag{7.29}$$

银行在前 T − 1 年均不破产的条件概率为：

$$P_{T-1,N}(yy_{T-1}，\sigma) = \Pr[x(1) \geqslant c_L(1)，\cdots，x(T-1) \geqslant c_L(T-1)]$$

$$\tag{7.30}$$

针对每一种逆周期系数、投保比例和收益波动率水平，模拟过程如下：

步骤一：生成 n 年末经济形势变量的 2^n 条可能的路径 $yy_n(l)$（l = 1，2，…，2^n）。

步骤二：对每条可能的路径 $yy_n(1)$（$l=1$，2，…，2^n），根据每家银行 T（$T=1$，2，…，n）年初计算的资产平均波动率 $\bar{\sigma}_T$ 估计每家银行在第 T 年末低损失破产条件概率 $P_{T,L}[yy_T(1)$，$\bar{\sigma}_T]$、高损失破产条件概率 $P_{T,H}[yy_T(1)$，$\bar{\sigma}_T]$ 及在特定年末不破产的条件概率 $P_{T,N}[yy_T(1)$，$\bar{\sigma}_T]$，具体过程为：

①给定银行初始资产价值 $V(0)$ 和存款价值 $D(0)$，由式（7.3）得到银行第一年末的存款价值 $D(1)$，再计算得到第 1 年末银行破产与否及破产损失高低的边界条件 $c_L(1)$ 和 $c_H(1)$。

②从另一个独立的标准正态分布中模拟生成第 1 年末银行的特定风险因素 $x(1)$。

③如果 $x(1) \geqslant c_L(1)$，银行不破产，则由式（7.1）和式（7.2）计算得到第一年末银行资产价值 $V(1)$，由式（7.8）和式（7.9）一次性调整银行资产、负债价值，得到相应的 $V(1)^+$ 和 $D(1)^+$ 作为第 2 年初始值。

④当且仅当生成的第 T 年末银行特定风险因素 $x(T) \geqslant c_L(T)$，步骤①、步骤②、步骤③将被重复直至得到所有 n 年结束；若得到某年末银行特定风险因素 $x(T) < c_L(T)$，银行被认为在该年末破产，过程结束，此时若满足 $c_H(T) \leqslant x(T) < c_L(T)$，则银行发生低损失破产，若满足 $x(T) < C_H(T)$，则银行发生高损失破产。

⑤对每一家银行，以同一组初始资产价值 $V(0)$ 和存款价值 $D(0)$ 开始，模拟上面过程足够多次，可以得到给定经济形势变量下，银行恰在某年末低损失破产、高损失破产及在某年末不破产的条件频率，随着模拟次数的增加，条件频率逐渐接近条件概率。

步骤三：将步骤二估计得到的各银行每年末的三种条件概率 $\hat{P}_{T,L}[yy_T(1)$，$\bar{\sigma}_T]$、$\hat{P}_{T,H}[yy_T(1)$，$\bar{\sigma}_T]$ 和 $\hat{P}_{T,N}[yy_T(1)$，$\bar{\sigma}_T]$（$T=1$，2，…，n）代入式（7.10），得到在经济形势变量每条可能的路径下，银行 n 年期存款保险条件基础费率的估计值 $\hat{H}_T|_{[yy_n=yy_n(1)]}$（$l=1$，2，…，$2^n$）。

步骤四：计算银行各年度条件保费估计值：

$$\hat{h}\,|_{yy_n=yy_n(l)} =$$

$$\begin{cases} \hat{H}_1 \{1 + (-1)^{I[y(0)<1]} (1 - e^{-\rho \times |y(0)-1|}) + \varpi_H\} D(0), \quad T = 1 \\[2mm] \dfrac{\sum_{k=1}^{T} e^{r_j(k-1)} \beta D(k-1)^+ \times \hat{H}_T|_{[yy_n = yy_n(l)]} \{1 + (-1)^{l[y(k-1)<1]}}{} \\ \dfrac{[1 - e^{-\rho |y(k-1)-1|}] + _H\} \times P_{k-1,N}[yy_n(l), \bar{\sigma}_T]}{e^{r_j(T-1)} P_{T-1,N}[yy_n(l), \bar{\sigma}_T]} \\[2mm] \dfrac{\sum_{k=1}^{T-1} e^{r_j(k-1)} h_k|_{[yy_n = yy_n(l)]} P_{k-1,N}[yy_n(l), \bar{\sigma}_T]}{e^{r_j(T-1)} P_{T-1,N}[yy_n(l), \bar{\sigma}_T]}, \quad T = 2, \cdots, n \\[2mm] \dfrac{\sum_{k=1}^{n} e^{r_j(k-1)} \beta D(k-1)^+ \hat{H}_{n+1}|_{[yy_n = yy_n(l)]} [1 + (-1)^{l(y(k-1)<1)}}{} \\ \dfrac{(1 - e^{-\rho |y(k-1)-1|}) + \varpi_H] R_{k-1,N}[yy_n(l), \bar{\sigma}_{n+1}]}{e^{r_{fn}} P_{n,N}[yy_n(l), \bar{\sigma}_{n+1}]} \\[2mm] \dfrac{\sum_{k=1}^{n} e^{r_j(k-1)} h_k|_{[yy_n = yy_n(l)]} P_{k-1,N}[yy_n(l), \bar{\sigma}_n]}{e^{r_{fn}} P_{n,N}[yy_n(l), \bar{\sigma}_n]} \end{cases}$$

$$(7.31)$$

步骤五：计算银行 n 年期存款保险的无条件保费：

$$\hat{h}_T = \sum_{l=1}^{2^n} \hat{h}_T|_{[yy_n = yy_n(l)]} \Pr[yy_n = yy_n(l)] \qquad (7.32)$$

（2）各银行每年末权益前景值的估计方法。由假设③可知，银行在 T 年末的权益价值满足：

$$S(T) = \begin{cases} V(T) - D(T), \quad \text{前 } T-1 \text{ 年银行均不破产，} \\ \text{且 } V(T) \geqslant D(T) \\ 0, \quad \text{其他} \end{cases} \qquad (7.33)$$

由式（7.33）可知，第 T 年末银行不破产情况下，其权益价值为资产价值与负债价值之差；当银行破产情况下，其权益价值为0。

针对每一种逆周期系数、投保比例和收益波动率水平，模拟过程如下：

步骤一：在考虑各银行存款保险保费对每年初资产价值的减值影响后，按照上述存款保险费率模拟过程步骤二的方法，模拟银行购买存款保险后资产负债价值的变化。

步骤二：分别统计给定经济形势，各银行在特定年末不破产情况下的资产价值和负债价值，进而计算不破产条件下银行在特定年末的权益价值。

步骤三：计算给定经济形势变量情况下，银行在特定年末权益价值的均值，作为银行在特定年末权益价值条件期望的估计值：

$$\hat{E}\big[\,S(T)\,\big|_{yy_n = yy_n(l)}\,\big] = \frac{1}{U_{B,l}} \sum_{\nu=1}^{U_{B,l,T,N}} \big[\,V_\nu(T) - D_\nu(T)\,\big] \tag{7.34}$$

式中，$U_{B,l}$ 为经济形势变量第 l 条路径下银行特质风险因素模拟的总次数，$U_{B,l,T,N}$ 为该路径下第 T 年末银行不破产的次数。$V_\nu(T)$ 和 $D_\nu(T)$ 分别为不破产情况下第 T 年末银行的资产价值和负债价值。

步骤四：估计银行在特定年末的权益前景值：

$$\hat{\pi}\big[\,S_i(T)\,\big] = \sum_{l=1}^{2^n} u\big[\ln\{(\hat{E}\big[\,S_i(T)\,\big|_{yy_n = yy_n(l)}\,\big]\} \\ - \ln\hat{S}_{i,T}\big] \cdot W\{\Pr[\,yy_n = yy_n(l)\,]\} \tag{7.35}$$

（3）存款保险基金期末累计值及不出现支付困难的概率估计方法。由式（7.6）、式（7.7）可知，第 T（T = 1, 2, …, n）年末影响存款保险基金的特质风险因素：

$$z(T) = \frac{\ln[\,\Omega(T)/y(T)\,] - \ln[\,\Omega(T-1)/y(T-1)\,] - (\mu_D - \sigma_D^2/2)}{\sigma_D} \tag{7.36}$$

$$\ln\big\{\big[\,(1 + \varpi_L)\sum_{i=1}^m E(L_{i,1}) - F\big]/y(T)\big\} -$$

令 $c_\Omega(T) = \dfrac{\ln[\,\Omega(T-1)/y(T-1)\,] - (\mu_D - \sigma_D^2/2)}{\sigma_D}$，则由式（7.21）可知，给定经济形势变量下，存款保险基金在 n 年内不出现赔偿困难的条件 $\big[\,\Omega(1) + F \geq (1 + \varpi_L)\sum_{i=1}^m E(L_{i,1}),\cdots,\Omega(n) + F \geq (1 + \varpi_L)\sum_{i=1}^m E(L_{i,n})\,\big]\,\big|\,yy_n = yy_n(l)$ 等价于 $\big[\,z(1) \geq c_\Omega(1),\cdots,z(n) \geq c_\Omega(n)\,\big]\,\big|\,yy_n = yy_n(l)$。得到存款保险基金在 n 年内不出现赔偿困难的条件概率：

$$P_{\Omega,n,N}[\,yy_n = yy_n\,(\,l\,)\,] = \Pr\,[\,z\,(\,1\,) \geqslant c_{\Omega}\,(\,1\,)\,,\ \cdots,\ z\,(\,n\,) \geqslant c_{\Omega}(\,n\,)\mid yy_n = yy_n(\,l\,)\,] \tag{7.37}$$

考虑银行反应函数，针对每一种逆周期系数、融资额度、投保比例上限和收益波动率水平，模拟过程如下：

步骤一：以第一年初收取的总保费作为存款保险基金的初始价值 $\Omega(0)$，根据各银行破产概率的估计，由式（7.22）得到存款保险公司第一年末对所有银行的总期望赔付责任 $\sum_{i=1}^{m} E(L_{i,1})$，根据再融资额度 F 的不同取值，计算得到第一年末存款保险基金不出现支付困难的边界条件 $c_{\Omega}(1)$。

步骤二：从另一个独立的标准正态分布中模拟生成第一年末存款保险基金特定风险因素 $z(1)$，如果 $z(1) \geqslant c_{\Omega}(1)$，则存款保险基金足够赔付，则由式(7.36)反算出第一年末存款保险基金的价值 $\Omega(1)$，当且仅当生成的第 T 年末存款保险基金特定风险因素 $z(T) \geqslant c_{\Omega}(T)$，前面过程将被重复直至得到所有 n 年结束，若得到某年末存款保险基金特定风险因素 $z(T) < c_{\Omega}(T)$，则认为存款保险基金在该年末不足，过程结束。

步骤三：以存款保险基金初始资产价值 $\Omega(0)$ 开始，模拟上面过程足够多次，可以得到给定特定经济形势变量情况下，存款保险基金在第 n 年末积累价值的条件期望估计值和 n 年内不出现赔付支付困难的条件概率估计值：

$$\hat{E}\big[\,\Omega(n)\,\big|_{yy_n = yy_n(l)}\big] = \frac{1}{U_{D,l}}\sum_{\nu=1}^{U_{D,l,N}} \Omega_{\nu}(n)\hat{P}_{\Omega,n,N[yy_n=yy_n(l)]} = \frac{U_{D,l,N}}{U_{D,l}} \tag{7.38}$$

式中，$U_{D,l}$ 为经济形势变量第 l 条路径下存款保险基金特质风险因素模拟的总次数，$U_{D,N}$ 为该路径下 n 年内存款保险基金不出现赔付支付困难的次数。$\Omega_{\nu}\,(n)$ 为不出现赔付支付困难情况下第 n 年末存款保险基金的累计值。

步骤四：估计存款保险基金在第 n 年末积累价值的无条件期望值和 n 年内不出现赔付支付困难的无条件概率估计值：

$$\hat{E}\left[\Omega(n)\right] = \sum_{l=1}^{2^n} \hat{E}_{\Omega,n,N}\left[\Omega(n)\big|_{yy_n=yy_n(l)}\right] \cdot \Pr\left[yy_n = yy_n(l)\right]$$

$$\hat{P}_{\Omega,n,N} = \hat{P}_{\Omega,n,N\left[yy_n=yy_n(l)\right]} \cdot \Pr\left[yy_n = yy_n(l)\right] \qquad (7.39)$$

（4）银行系统的总短缺风险的估计方法。银行总价值为股东价值与存款人价值之和，式（7.33）给出了第 T 年末银行股东价值的表达式，由假设③可知，在投保比例为 β 情况下，第 T 年末存款人价值为：

$$B(T) = \begin{cases} D(T), \quad \text{前 } T-1 \text{ 年银行均不破产,} \\ \text{且 } V(T) \geqslant D(T) \\ \alpha D(T) + V(T), \quad \text{前 } T-1 \text{ 年银行均不破产,} \\ \text{且} (1-\beta)D(T) \leqslant V(T) < D(T) \\ \beta D(T) + V(T), \text{前 } T-1 \text{ 年银行均不破产,} \\ \text{且 } V(T) < (1-\beta)D(T) \end{cases} \qquad (7.40)$$

由式（7.33）和式（7.40）得到银行总价值：

$$W(T) = S(T) + B(T) = \begin{cases} V(T), \quad \text{前 } T-1 \text{ 年银行均不破产,} \\ \text{且 } V(T) \geqslant D(T) \\ V(T) + \alpha D(T), \quad \text{前 } T-1 \text{ 年银行均不破产,} \\ \text{且} (1-\beta)D(T) \leqslant V(T) < D(T) \\ V(T) + \beta D(T), \quad \text{前 } T-1 \text{ 年银行均不破产,} \\ \text{且 } V(T) < (1-\beta)D(T) \end{cases}$$

$$(7.41)$$

考虑银行和存款保险机构的反应函数，针对每一种逆周期系数、融资额度和收益波动率水平，模拟过程如下：

步骤一：基于上述银行权益前景值的估计方法，分别统计给定经济形势变量，且前一年不破产情况下，每一家银行在特定年末的资产价值和负债价值，进而计算特定年末银行总价值对数期望的估计值：

$$\hat{E}\left[\ln W(T)\big|_{yy_n=yy_n(l)}\right] = \frac{1}{U_{B,l}}\left\{ \sum_{\nu=1}^{U_{B,l,T,N}} \ln V_{\nu}(T) + \sum_{\iota=1}^{U_{B,l,T,L}} \ln\left[V_{\iota}(T) + \right.\right.$$

$$\alpha D_i(T)] + \sum_{\tau=1}^{U_{l,T,H}} \ln[V_\tau(T) + \beta D_\tau(T)]\}$$

$$(7.42)$$

式中，$U_{B,l}$ 为经济形势变量在第 l 条路径下银行特质风险因素模拟的总次数，$U_{B,l,T,N}$ 为该路径下第 T 年末银行不违约的次数，$U_{B,l,T,L}$ 为该路径下第 T 年末银行低损失违约的次数，$U_{B,l,T,H}$ 为该路径下第 T 年末银行高损失违约的次数，$V_{\nu(l,\tau)}(T)$ 和 $D_{\nu(l,\tau)}(T)$ 分别为对应情形下第 T 年末银行的资产价值和负债价值。

步骤二：计算每年末银行系统总短缺风险的条件估计值：

$$S\hat{W}_T[\beta^*|_{yy_n=yy_n(l)}] = \sum_{i=1}^{m}\{\overline{W}_i(T) - \exp[\psi_{0,i,v} + \psi_{i-1,i,v}\hat{E}(\ln W_i(T)|_{yy_n=yy_n(l)}] +$$

$$\sum_{s \neq i}\psi_{s,i,v}\hat{E}[\ln W_s^*(T)|_{yy_n=yy_n(l)}]\} \qquad (7.43)$$

步骤三：计算银行系统 n 年总短缺风险的无条件估计值：

$$S\hat{W}_T[\beta^*] = \sum_{l=1}^{2^n}\sum_{T=1}^{n}e^{-r_fT}S\hat{W}_T[\beta^*|yy_n$$

$$= yy_n(l)] \times \Pr[yy_n = yy_n(l)] \qquad (7.44)$$

第三节　模拟分析

一　参数确定

选取了我国所有 14 家上市银行作为研究样本（见表 7 - 3），研究期间为 2008—2012 年度，基本数据（银行资产价值、负债价值、股本及每日股价等）取自锐思数据库。本章涉及参数较多，分为两部分：本书之前章节提出参数，本章引入新参数。之前章节出现参数本章继续沿用其赋值，本章需赋值参数包括经济形势变量相关参数、不同收益波动率水平下相关参数以及其他参数。经济形势变量相关参数的确定原则是使本章模拟得到的存款保险费率较接近第六章的模拟结果。具体结果见表7 -1。在表 7 - 1 给出的变量赋值水平下，计算五年期间经济形势变量所有可能路径对应的概率，具体结果见表 7 - 2。

表 7 - 1　　　　　　　　　　　　　经济形势变量赋值

参数	投保年限	投保年初经济形势变量	经济上行期变量	经济下行期变量	经济形势跳变强度
赋值	5	1.25	1.25	0.8	0.05

表 7 - 2　　　　　　　　　　经济形势变量不同路径及对应概率

路径	第一年	第二年	第三年	第四年	第五年	概率（%）
1	1.25	1.25	1.25	1.25	1.25	77.88
2	1.25	1.25	1.25	1.25	0.8	3.99
3	1.25	1.25	1.25	0.8	1.25	0.20
4	1.25	1.25	0.8	1.25	1.25	0.20
5	1.25	0.8	1.25	1.25	1.25	0.20
6	0.8	1.25	1.25	1.25	1.25	0.20
7	1.25	1.25	1.25	0.8	0.8	3.99
8	1.25	1.25	0.8	1.25	1.25	0.20
9	1.25	0.8	0.8	1.25	1.25	0.20
10	0.8	0.8	1.25	1.25	1.25	0.20
11	1.25	1.25	0.8	1.25	0.8	0.01
12	1.25	0.8	1.25	0.8	1.25	5.38E - 04
13	0.8	1.25	0.8	1.25	1.25	5.38E - 04
14	1.25	0.8	1.25	1.25	0.8	0.01
15	0.8	1.25	1.25	0.8	1.25	5.38E - 04
16	0.8	1.25	1.25	1.25	0.8	0.01
17	1.25	1.25	0.8	0.8	0.8	3.99
18	1.25	0.8	0.8	1.25	1.25	0.20
19	0.8	0.8	0.8	1.25	1.25	0.20
20	1.25	0.8	0.8	1.25	0.8	0.01
21	0.8	0.8	1.25	0.8	1.25	5.38E - 04
22	0.8	0.8	1.25	1.25	0.8	0.01
23	0.8	1.25	0.8	1.25	0.8	2.76E - 05
24	1.25	0.8	1.25	0.8	0.8	0.01
25	0.8	1.25	0.8	0.8	1.25	5.38E - 04

续表

路径	第一年	第二年	第三年	第四年	第五年	概率（%）
26	0.8	1.25	1.25	0.8	0.8	0.01
27	1.25	0.8	0.8	0.8	0.8	3.99
28	0.8	0.8	0.8	0.8	1.25	0.20
29	0.8	1.25	0.8	0.8	0.8	0.01
30	0.8	0.8	1.25	0.8	0.8	0.01
31	0.8	0.8	0.8	1.25	0.8	0.01
32	0.8	0.8	0.8	0.8	0.8	3.99

本章模拟了三种不同收益波动率水平：中等收益波动率水平下，各银行资产波动率为 2008—2012 年各银行资产波动率的平均值，即本书第二章表 2-1 中的估计结果；高收益波动率和低收益波动率水平下，各银行资产波动率分别为中等收益波动率水平下各银行资产波动率乘以 3/2 和 2/3 后的结果。三种收益波动率水平下，存款保险基金收益波动率水平取所有银行资产波动率的均值。具体结果参见表 7-3。其他参数包括：银行附加费率占纯费率的比例 ϖ_H、附加成本占赔付责任的比例 ϖ_L 及监管机构要求的存款保险基金 n 年内不出现赔付困难的最低概率 P。为简化模型，本章给定 $\varpi_H = \varpi_L = 0.01$，且 $\overline{P} = 95\%$。

表 7-3　不同环境下各银行资产收益波动率及存款保险基金收益波动率

银行	收益波动率		
	较高	中等	较低
平安	0.055	0.036	0.024
宁波	0.101	0.067	0.045
浦发	0.067	0.045	0.030
华夏	0.045	0.030	0.020
民生	0.055	0.036	0.024

续表

银行	收益波动率		
	较高	中等	较低
招商	0.084	0.056	0.037
南京	0.094	0.063	0.042
兴业	0.078	0.052	0.035
北京	0.079	0.053	0.035
交通	0.056	0.037	0.025
工商	0.051	0.034	0.023
建设	0.055	0.037	0.024
中行	0.041	0.028	0.018
中信	0.071	0.047	0.031
存款保险基金	0.067	0.044	0.030

二　模拟结果

待规划参数包括各银行投保比例 β_i，存款保险机构确定的最大投保比例 β_{max}，监管机构确定的最小投保比例 β_{min}，承诺再融资额度 $\overline{F}$ 及逆周期系数 ρ；环境变量为各银行资产收益波动率 σ_i 和存款保险基金收益波动率 σ_D；需计算中间变量为各银行各年度存款保险费率 h_i。

首先确定最小投保比例 β_{min}。根据第五章的研究结果，一年间出现两次以上风险事件的概率之和约为 0.00002，而投保比例为 50% 以上的情况下，各银行在一年间至少可以抵御两次以上风险事件。因此，当监管部门要求各银行最小投保比例为 50% 时，可以以 99% 以上的置信度保证各银行不会在当年度期间发生流动性危机，因此取最小投保比例 $\beta_{min} = 0.5$。

（一）各银行各年度存款保险保费的模拟结果

令逆周期系数 ρ 在集合 {0.1, 0.15, 0.2, 0.25, 0.3} 之中取值，令各银行投保比例 β_i 在集合 {0.5, 0.6, 0.7, 0.8, 0.9, 1} 之中取值，令银行资产波动率 σ_i 在表 7-2 给出的风险水平为高、中、低的三种情况中取值，分别计算每种可能情况下各银行存款保险

的费率，对应每一家银行共有 $6 \times 5 \times 3 = 90$ 种可能的费率结果。表
7-4、表7-5分别为逆周期系数 $\rho = 0.2$、投保比例 $\beta = 0.8$ 且银行面
临高资产波动率情况下，各银行对应的存款保险各年度基础费率和总
保费（参数变化情况下，得到共90个如表7-4中所示的基础费率和
90个如表7-5所示的各年度调整保费）。

表7-4　　　　高风险环境条件下保险公司预期的存款保险各年度基础费率

银行	逆周期系数 $\rho = 0.2$、投保比例 $\beta = 0.8$，高风险情况下各年度基础费率（‰）				
	第一年	第二年	第三年	第四年	第五年
平安	14.970	16.257	18.835	23.331	28.943
宁波	13.519	16.931	22.350	26.120	28.560
浦发	29.097	32.812	33.493	34.393	36.800
华夏	8.678	8.766	9.558	11.556	12.483
民生	12.592	13.985	14.779	16.560	17.553
招商	31.194	33.266	34.160	37.018	42.212
南京	16.106	16.190	16.790	19.633	25.141
兴业	2.617	3.668	4.098	4.637	6.837
北京	24.321	24.410	26.749	26.696	26.825
交通	28.538	28.588	28.949	30.509	32.573
工商	28.860	29.213	29.781	31.179	31.436
建设	31.454	33.891	34.371	35.657	36.110
中行	20.905	21.432	21.991	23.351	23.619
中信	34.300	35.870	37.403	40.515	41.641

表7-5　　　　高风险环境条件下保险公司预期的存款保险各年度调整保费

银行	逆周期系数 $\rho = 0.2$、投保比例 $\beta = 0.8$，高风险情况下各年度调整保费（亿元）					
	第一年初	第二年初	第三年初	第四年初	第五年初	第五年末
平安	26.19	57.09	41.53	249.53	159.79	261.30
宁波	37.68	63.95	125.67	119.96	396.91	190.44
浦发	69.68	145.21	261.57	430.90	579.70	419.20
华夏	25.27	32.80	66.54	31.59	145.07	102.50

续表

银行	逆周期系数 $\rho=0.2$、投保比例 $\beta=0.8$，高风险情况下各年度调整保费（亿元）					
	第一年初	第二年初	第三年初	第四年初	第五年初	第五年末
民生	56.08	78.78	94.22	253.94	350.62	173.61
招商	195.30	263.96	364.69	463.61	652.70	939.50
南京	5.44	7.73	11.30	24.47	53.70	21.45
兴业	8.78	23.00	30.55	46.03	122.25	34.29
北京	41.91	53.63	86.71	137.21	242.60	201.92
交通	184.46	252.76	318.80	285.80	691.70	698.80
工商	570.41	838.30	1044.60	2185.50	2952.00	3586.00
建设	614.60	830.50	1016.60	2710.00	2910.00	3930.00
中行	610.37	784.41	1010.20	1277.70	3338.70	4770.50
中信	56.77	68.19	86.25	191.95	388.30	283.10

（二）各银行对投保比例上限的反应函数模拟结果

针对每一个逆周期系数 $\rho \in \{0.1, 0.15, 0.2, 0.25, 0.3\}$，令投保比例上限 β_{max} 在 $\{0.5, 0.6, 0.7, 0.8, 0.9, 1\}$ 之中取值，在资产波动率为高、中、低三种情况下分别计算各银行不同投保比例 $\beta_i \in \{0.5, \cdots, \beta_{max}\}$ 对应的权益前景值，进而根据"最大最小"决策原则确定各银行投保比例 β_i 对投保比例上限 β_{max} 的反应函数。表7-6为逆周期系数 $\rho=0.2$ 时对应的银行最优投保比例反应函数表（逆周期系数变化情况下，得到共5个如表7-6中所示的反应函数表）。

（三）存款保险公司反应函数的模拟结果

给定监管部门要求的存款保险基金足够赔付的概率 $\overline{P}=95\%$，令监管部门承诺的再融资额度 $\overline{F}$ 在 500 亿—1000 亿之中取值，即有 $\overline{F} \in \{500, 600, 700, 800, 900, 1000\}$。对于不同逆周期系数 $\rho \in \{0.1, 0.15, 0.2, 0.25, 0.3\}$，计算不同再融资额度、不同波动率风险水平对应的存款保险基金期望累计值及足额赔付概率。通过计算得到波动率风险水平较高的情形下存款保险基金累计值及足额赔付概率均较低，因此高波动率风险水平为存款保险机构的决策环境，根据

"最大最小"原则，得到不同逆周期系数 ρ 和不同再融资额度 $\overline{F}$ 下存款保险机构投保比例上限的反应函数。具体结果见表 7 – 7。

表 7 – 6   银行最优投保比例对投保比例上限的反应函数

银行	不同投保比例上限下各银行的最优投保比例					
	1	0.9 *	0.8	0.7	0.6	0.5
平安	0.7	0.7 *	0.7	0.7	0.6	0.5
宁波	0.5	0.5 *	0.5	0.5	0.5	0.5
浦发	0.5	0.5 *	0.5	0.5	0.5	0.5
华夏	0.7	0.7 *	0.7	0.7	0.6	0.5
民生	0.9	0.9 *	0.8	0.7	0.6	0.5
招商	0.5	0.5 *	0.5	0.5	0.5	0.5
南京	0.5	0.5 *	0.5	0.5	0.5	0.5
兴业	0.9	0.9 *	0.8	0.7	0.6	0.5
北京	0.5	0.5 *	0.5	0.5	0.5	0.5
交通	0.5	0.5 *	0.5	0.5	0.5	0.5
工商	0.8	0.8 *	0.8	0.7	0.6	0.5
建设	0.6	0.6 *	0.6	0.6	0.6	0.5
中行	0.5	0.5 *	0.5	0.5	0.5	0.5
中信	1	0.9 *	0.8	0.7	0.6	0.5

注：表中标注 * 号的参数为均衡状态下各银行理想的投保比例。

表 7 – 7   最优投保比例上限对逆周期系数和承诺融资额度的反应函数

逆周期系数	不同承诺融资额度（亿元）下的最优投保比例上限					
	500	600	700	800 *	900	1000
0.1	0.8	0.8	0.8	0.8	0.8	0.9
0.15	0.8	0.8	0.8	0.9	0.9	0.9
0.2 *	0.8	0.8	0.8	0.9 *	0.9	0.9
0.25	0.8	0.8	0.8	0.9	0.9	0.9
0.3	0.8	0.9	0.9	0.8	0.9	0.9

注：表中标注 * 号的参数为逆周期系数、融资额度的理性取值以及对应的投保比例上限理想取值。

（四）监管部门最优决策的模拟结果

监管部门根据表7-7（保险机构的反应函数），以及表7-6等5个表（银行的反应函数），在三种收益波动率水平下，分别计算不同逆周期系数 $\rho \in \{0.1, 0.15, 0.2, 0.25, 0.3\}$ 和不同融资额度 $\bar{F} \in \{500, 600, 700, 800, 900, 1000\}$ 对应的整个银行系统的短缺风险，结果表明其他参数不变，高收益波动率水平下整个银行系统的预期短缺风险最高，因此高收益波动率水平为监管机构的决策环境，进而根据"最小最大"原则确定最优逆周期系数 ρ 和融资额度 $\bar{F}$。表7-8给出的是高收益波动率水平下不同逆周期系数和融资额度对应的银行系统总短缺风险。当逆周期系数为0.2的情况下，不同融资额度下银行系统的总短缺风险均较低，因此逆周期系数的最优取值为 $\rho = 0.2$；在此情形下，当监管机构承诺的每年融资额度超过800亿元时，银行系统总短缺风险最小，从财政成本最小考虑，每年融资额度的最优取值为 $\bar{F} = 800$（亿元）。由表7-7可知，逆周期系数 $\rho = 0.2$、融资额度 $\bar{F} = 800$ 情况下，存款保险机构会将最优投保比例上限定为0.9，即投保比例上限的最优取值 $\beta_{max} = 0.9$。进一步，由表7-6可知，逆周期系数 $\rho = 0.2$、投保比例上限 $\beta_{max} = 0.9$ 情况下，各银行最优投保比例为如表7-6第三列所示。

表7-8　不同逆周期系数和融资额度下银行系统的总短缺风险

逆周期系数	不同承诺融资额度（亿元）下银行系统的总短缺风险					
	500	600	700	800*	900	1000
0.1	282320	282320	282320	282320	282320	288380
0.15	289250	289250	289250	280870	280870	280870
0.2*	282090	282090	282090	271490*	271490	271490
0.25	291070	291070	291070	277090	277090	277090
0.3	295830	278720	278720	295830	278720	278720

注：表中标注*号的值为银行系统总短缺风险最小值及对应的逆周期系数和融资额度的理想取值。

综上所述，本章构建了以监管部门、存款保险机构和银行为局中

人的博弈模型，以逆周期费率厘定方法为基础，以存款保险的三种正
负效应为约束条件，在维持存款保险的稳定效应，控制存款保险风险
激励效应的前提下，以银行系统总预期短缺风险较小为目标，确定了
一系列较合理的制度参数。本章建立的存款保险定价模型弥补了现有
存款保险定价研究缺乏兼顾相关者利益的不足。

基本结果表明：

（1）（在本章参数设定下）存款保险逆周期系数取 0.2、监管机
构承诺的融资额度取 800 亿元、投保比例下限取 0.5、投保比例上限
取 0.9 或是一种较合理的制度参数设定。

（2）在这样的制度安排下，银行系统中 14 家银行（平安、宁波、
浦发、华夏、民生、招商、南京、兴业、北京、交通、工商、建设、
中行和中信）选择的投保比例分别为 0.7、0.5、0.5、0.7、0.9、
0.5、0.5、0.9、0.5、0.5、0.8、0.6、0.5 和 0.9。

（3）均衡状态下，存款保险机构可以在五年内以 95% 的概率保
证存款保险基金不出现赔付困难，此时整个银行系统的总短缺风险相
对较小。

第八章 结论与展望

本书从存款稳定效应、风险传导抑制效应、风险激励效应三个角度度量存款保险给银行系统带来的正负效应，并在此基础上构建了具有逆周期特点的存款保险定价方法，进而建立了银行、存款保险机构和监管机构三方利益主体间的博弈模型，通过实证和模拟的方法得到兼顾各方利益的存款保险制度安排。本章总结全书主要的结论和创新点，并对未来的研究工作进行展望。

第一节 结论

一 存款保险制度对银行系统产生存款稳定效应

在众多存款人对危机事件影响程度具有不同预期的情况下，存款保险制度可以在一定程度上提升存款人对银行系统的信心，从而产生存款稳定效应；正常经济环境下，显性存款保险制度与隐性存款保险制度具有类似的稳定效应，当极端经济事件发生后，显性存款保险制度能够更好地抑制银行系统的存款流失现象；存款保险的稳定效应与投保比例正相关，经济形势越不稳定存款保险的存款稳定效应越显著，将银行系统信息透明度维持在适度水平，有利于存款保险制度发挥存款稳定效应。

二 存款保险制度对银行系统产生风险传导抑制效应

均衡状态下，各银行资产短缺风险存在差异，银行资产短缺风险与本银行滞后一期资产价值表现出负相关关系，与其他银行资产价值表现出了或正或负的相关关系；银行间的风险传导效应具有非对称性特点，各银行出现风险事件对系统总短缺风险的影响不同：华夏、民生、招商和北京银行资产价值的减小产生负向风险传导效应，其他银行资产价值的减小均产生正向风险传导效应；当风险事件冲击较大时，购买存款保险能够将银行间的风险传导效应控制在一定范围内，且存款保险的风险传导抑制效应与风险事件引起系统风险的变化程度呈正相关关系。

三 存款保险制度对银行产生风险激励效应

购买存款保险可以增强银行抵御风险冲击的能力，各银行主观上对风险事件发生概率的偏估强化了其对存款保险抵御风险效应的感知；存款保险制度对各银行产生了不同程度的风险激励效应，总体来看，投保比例与风险激励效应呈正相关关系；从适当保证存款保险抵御风险效应，同时适度控制存款保险风险激励效应的角度看，银行更宜购买比例存款保险而非全额存款保险。

四 逆周期式存款保险费率厘定方法在一定程度上改变了风险保费的顺周期特点

在跨期存款保险定价模型下引入了系统性风险因素，将宏观经济波动的影响纳入存款保险定价的框架下，得到的存款保险费率具有逆周期特点；存款保险的基础费率与存款参保比例负相关，与逆周期系数正相关；逆周期存款保险费率具有一定的额外成本，且逆周期特征越显著，相应的额外成本也越高。

五 合理的存款保险制度安排需协调银行、保险机构和监管机构的共同利益

在本书第七章的参数设定下，存款保险逆周期系数取 0.2、监管机构承诺的融资额度取 800 亿元、投保比例下限取 0.5、投保比例上限取 0.9 或是一种较合理的制度参数设定。在这样的制度安排下，银行系统中 14 家银行（平安、宁波、浦发、华夏、民生、招商、南京、兴业、北京、交通、工商、建设、中行和中信）选择的投保比例分别为 0.7、0.5、0.5、0.7、0.9、0.5、0.5、0.9、0.5、0.5、0.8、0.6、0.5 和 0.9；均衡状态下，存款保险机构可以在五年内以 95% 的概率保证存款保险基金不出现赔付困难，此时整个银行系统的总短缺

风险相对较小。

第二节 本书主要创新点

第一，在分别构建存款保险的存款稳定效应、风险传导抑制效应和风险激励效应度量模型的基础上，权衡了各效应对存款保险费率的综合影响，弥补了现有研究多注重单一效应的不足。

（1）考虑了存款人对风险冲击影响的不同预期，运用行为经济学中的异质信念理论，刻画存款人的决策模式，进而模拟风险事件发生后银行系统总存款规模的变化，据此量化存款保险的稳定效应；

（2）选取银行系统总资产价值预期短缺（ES）作为衡量银行系统风险的指标，据此度量存款保险风险传导抑制效应；

（3）考虑了银行主观因素对客观概率和客观价值的影响，运用行为经济学中的前景理论，刻画银行购买存款保险后信贷风险的变化程度，据此度量存款保险的风险激励效应。

第二，通过将表征系统性风险的宏观经济因素引入存款保险费率厘定的模型中，得到了跨期条件下具有逆周期特点的存款保险费率厘定方法，弥补了现有单期框架下仅考虑短期收支平衡的费率厘定机制所具有的顺周期特点的不足。

（1）将影响银行资产价值的风险因素分解为银行特质风险因素和系统性风险因素，从而使估计得到的银行破产概率既能反映该银行的风险特征又能与宏观经济状况相关；

（2）将存款保险风险调整费率表示为基础费率与逆周期系数相乘的形式，根据各年度经济形势的变化确定相应的逆周期系数，进而得到具有逆周期特点的存款保险费率，这在一定程度上弱化了长期内存款保险可能引起的经济周期波动效应。

第三，构建了旨在权衡银行、存款保险机构和监管机构三方利益的斯塔克尔伯格博弈模型，并模拟研究了存款保险相关条款及费率对三方利益的影响，弥补了现有存款保险定价研究缺乏兼顾相关者利益的不足。

（1）以银行、存款保险机构、监管机构为局中人，构建了两个反映相关者利益关系的博弈模型.

（2）存款保险投保比例下限的设置，使存款人利益在一定程度上得到保障；存款保险保费调整方法和投保比例上限的设置，控制银行的风险转移行为；存款保险机构再融资额度的设定，保证存款保险基金在跨期条件下收支平衡；费率逆周期系数的确定，在实现存款保险逆周期特点的基础上，控制整个银行系统的短缺风险较小。

（3）构建的存款保险制度安排，兼顾了存款人、银行、存款保险机构和监管机构多主体方的利益，在一定程度上强化了存款保险的正面效应，弱化了负面效应。

第三节　展望

本书研究工作至少可以在以下方面进行拓展：

（1）存款保险制度对银行系统产生的各种正负效应既相互关联又相对复杂，本书仅选取了三个角度进行度量，还远远不足以完整刻画存款保险制度对银行系统产生的影响。可以进一步扩展的角度包括：存款保险制度引入后可能产生的"存款搬家"现象，即存款由费率高的银行向费率低的银行转移的现象；存款保险如何影响存款与其他金融衍生产品间的替代效应；存款保险对具有一定风险的高科技项目的扶持作用等。

（2）在利率市场化呼之欲出的大环境下，如何在利率市场化的环境下应用本书提出的存款保险制度设计模型，进而在考虑长期利率风险情况下，设计包括监管宽容、债务展期等更加灵活策略的存款保险制度安排，具有较强的理论和现实意义。

（3）本书的主要假设，如银行资产价值服从对数正态分布、存款人信念服从正态分布等，存在一定的局限性，且尚未考虑不同银行间各种分布可能存在的差别。随着我国存款保险制度的构建及相关数据的收集，或可模拟得到更符合实际情况且反映银行特点的分布形式，进而在一定程度上提高本书构建相关模型的有效性。

（4）本书得到的存款保险费率及制度参数的模拟结果存在一定不足：首先，由于我国上市银行的相关数据在 2008 年以后才相对完整，故本书参数估计及模拟过程所采用的数据偏少；其次，由于我国尚未引入权责明晰的显性存款保险制度，模拟估计所用的银行破产赔付比例只能参考美国联邦存款保险公司的历史记录。另外，各年度系统性风险因素的确定仍缺少实证研究相佐证。随着相关数据的进一步完善，本书提出的存款保险定价方法及相关参数估计结果可作进一步调整和完善。

附　录

公式推导

A–1　式（3.11）的推导

由于 $H(\beta)$ 取决于资金持有者对 T 时刻效用的预期，而非实际 T 时刻的随机变量，因此均衡状态时，$H(\beta)$ 不是 $V_i(T)$ 的函数，将式（3.10）代入式（3.11），得到：

$$E\{U[d_i(T) - \beta Ce^{r_d T}]\} = \left[\frac{1}{H(\beta)}\right]^\rho \times \int_0^{(1-\beta)D_0e^{r_d T}} [V_i(T)]^\rho f[V_i(T)]dV_i(T) +$$

$$[(1-\beta)Ce^{r_d T}]^\rho \times \int_{(1-\beta)D_0e^{r_d T}}^{+\infty} f[V_i(T)]dV_i(T)$$

$$= \left[\frac{1}{H(\beta)}\right]^\rho \times \sum_{j=0}^{+\infty} \frac{\lambda^j}{j!}e^{-\lambda} \int_0^{(1-\beta)D_0e^{r_d T}} [V_i(T)]^\rho f_j[V_i(T)]dV_i(T) +$$

$$[(1-\beta)Ce^{r_d T}]^\rho \times \sum_{j=0}^{+\infty} \frac{\lambda^j}{j!}e^{-\lambda} \int_{(1-\beta)D_0e^{r_d T}}^{+\infty} f_j[V_i(T)]dV_i(T)$$

$$= \left[\frac{1}{H(\beta)}\right]^\rho \times \sum_{j=0}^{+\infty} \frac{\lambda^j}{j!}e^{-\lambda} \int_0^{(1-\beta)D_0e^{r_d T}} [V_i(T)]^\rho \frac{e^{-\frac{1}{2}\left[\frac{\ln V_i(T) - \ln V_0 - j\ln\kappa_i - (\mu - \sigma^2/2)T}{\sigma\sqrt{T}}\right]^2}}{V_i(T)\sqrt{2\pi}\sigma\sqrt{T}}dV_i(T) +$$

$$[(1-\beta)Ce^{r_d T}]^\rho \times \sum_{j=0}^{+\infty} \frac{\lambda^j}{j!}e^{-\lambda} \int_{(1-\beta)D_0e^{r_d T}}^{+\infty} \frac{e^{-\frac{1}{2}\left[\frac{\ln V_i(T) - \ln V_0 - j\ln\kappa_i - (\mu - \sigma^2/2)T}{\sigma\sqrt{T}}\right]^2}}{V_i(T)\sqrt{2\pi}\sigma\sqrt{T}}dV_i(T)$$

$$= \left[\frac{1}{H(\beta)}\right]^\rho \times \sum_{j=0}^{+\infty} \frac{\lambda^j}{j!}e^{-\lambda} \int_{-\infty}^{h_j} [V_0\kappa_i^j e^{(\mu-\sigma^2/2)T + \sigma\sqrt{T}z_j}]^\rho \frac{e^{-\frac{1}{2}z_j^2}}{\sqrt{2\pi}}dz_j +$$

$$[(1-\beta)Ce^{r_d T}]^\rho \times \sum_{j=0}^{+\infty} \frac{\lambda^j}{j!}e^{-\lambda} \int_{h_j}^{+\infty} \frac{e^{-\frac{1}{2}z_j^2}}{\sqrt{2\pi}}dz_j$$

$$= \left[\frac{1}{H(\beta)}\right]^{\rho} \times \sum_{j=0}^{+\infty} \frac{\lambda^{j}}{j!} e^{-\lambda} \int_{-\infty}^{h_{j}} [V_{0}\kappa_{i}^{j}]^{\rho} e^{(\rho\mu-\frac{\rho-\rho^{2}}{2}\sigma^{2})T} \frac{e^{-\frac{1}{2}(z_{j}-\sigma\rho\sqrt{T})^{2}}}{\sqrt{2\pi}} dz_{j} +$$

$$[(1-\beta)Ce^{r_{d}T}]^{\rho} \times \sum_{j=0}^{+\infty} \frac{\lambda^{j}}{j!} e^{-\lambda} \int_{h_{j}}^{+\infty} \frac{e^{-\frac{1}{2}z_{j}^{2}}}{\sqrt{2\pi}} dz_{j}$$

$$= \left[\frac{V_{0}}{H(\beta)}\right]^{\rho} e^{(\rho\mu-\frac{\rho-\rho^{2}}{2}\sigma^{2})T} \sum_{j=0}^{+\infty} \frac{\lambda^{j}}{j!} e^{-\lambda} \kappa_{i}^{\rho j} N(h_{j} - \rho\sigma\sqrt{T}) +$$

$$[(1-\beta)Ce^{r_{d}T}]^{\rho} \times \sum_{j=0}^{+\infty} \frac{\lambda^{j}}{j!} e^{-\lambda} [1 - N(h_{j})]$$

其中，$h_{j} = \left[\ln(1-\beta) + r_{d}T - \ln\left(\frac{V_{0}}{D_{0}}\right) - j\ln\kappa_{i} - \left(\mu - \frac{\sigma^{2}}{2}\right)T\right] /$

$(\sigma\sqrt{T})$，$z_{j} = \left[\ln V_{i}(T) - \ln V_{0} - j\ln\kappa_{i} - \left(\mu - \frac{\sigma^{2}}{2}\right)T\right]/(\sigma\sqrt{T})$。

A-2　式（3.16）的推导

同理，将式（3.17）代入式（3.16），得到：

$$E\{U[d_{i}(T) - \beta Ce^{r_{d}T}] \mid Q(T,\lambda) = 1\}$$

$$= \int_{0}^{(1-\beta)D_{0}e^{r_{d}T}} \left[\frac{V_{i}(T)}{H_{C}(\beta)}\right]^{\rho} f_{1}[V_{i}(T)] dV_{i}(T) +$$

$$[(1-\beta)Ce^{r_{d}T}]^{\rho} \times \int_{(1-\beta)D_{0}e^{r_{d}}}^{+\infty} f_{1}[V_{i}(T)] dV_{i}(T)$$

$$= \left[\frac{1}{H_{C}(\beta)}\right]^{\rho} \times \int_{0}^{(1-\beta)D_{0}e^{r_{d}T}} [V_{i}(T)]^{\rho}$$

$$\frac{\exp\left\{-\frac{1}{2}\left[\dfrac{\ln V_{i}(T) - \ln V_{0} - \ln\kappa_{i} - (\mu - \sigma^{2}/2)T}{\sigma\sqrt{T}}\right]^{2}\right\}}{V_{i}(T)\sqrt{2\pi}\sigma\sqrt{T}} dV_{i}(T) +$$

$$[(1-\beta)Ce^{r_{d}T}]^{\rho} \times \int_{(1-\beta)D_{0}e^{r_{d}T}}^{+\infty}$$

$$\frac{\exp\left\{-\frac{1}{2}\left[\dfrac{\ln V_{i}(T) - \ln V_{0} - \ln\kappa_{i} - (\mu - \sigma^{2}/2)T}{\sigma\sqrt{T}}\right]^{2}\right\}}{V_{i}(T)\sqrt{2\pi}\sigma\sqrt{T}} dV_{i}(T)$$

$$= \left[\frac{1}{H_{C}(\beta)}\right]^{\rho} \times \int_{-\infty}^{h_{1}} [V_{0}\kappa_{i}e^{(\mu-\sigma^{2}/2)T+\sigma\sqrt{T}z_{1}}]^{\rho} \frac{e^{-\frac{1}{2}z_{1}^{2}}}{\sqrt{2\pi}} dz_{1} +$$

$$\left[\,(1-\beta)Ce^{r_dT}\,\right]^{\rho} \times \int_{h_1}^{+\infty} \frac{e^{-\frac{1}{2}z_1^2}}{\sqrt{2\pi}}dz_1$$

$$= \left[\frac{1}{H_C(\beta)}\right]^{\rho} \times \int_{-\infty}^{h_1} \left[\,V_0\kappa_i\,\right]^{\rho} e^{(\rho\mu-\frac{\rho-\rho^2}{2}\sigma^2)T} \frac{e^{-\frac{1}{2}(z_1-\sigma\rho\sqrt{T})^2}}{\sqrt{2\pi}}dz_1 +$$

$$\left[\,(1-\beta)Ce^{r_dT}\,\right]^{\rho} \times \int_{h_1}^{+\infty} \frac{e^{-\frac{1}{2}z_1^2}}{\sqrt{2\pi}}dz_1$$

$$= \left[\frac{V_0}{H_C(\beta)}\right]^{\rho} e^{\left(\rho\mu-\frac{\rho-\rho^2}{2}\sigma^2\right)T}\kappa_i^{\rho}N(h_1-\rho\sigma\sqrt{T}) + \left[\,(1-\beta)Ce^{r_dT}\,\right]^{\rho}\left[\,1-N(h_1)\,\right]$$

其中，$h_1 = \left[\ln(1-\beta) + r_dT - \ln\left(\frac{V_0}{D_0}\right) - \ln\kappa_i - \left(\mu - \frac{\sigma^2}{2}\right)T\right] /$

$(\sigma\sqrt{T})$，$z_1 = \left[\ln V_i(T) - \ln V_0 - \ln\kappa_i - \left(\mu - \frac{\sigma^2}{2}\right)T\right] / (\sigma\sqrt{T})$。

本书公式中的主要符号

符号	代表意义	单位
V	银行资产价值	亿元
D	银行负债价值	亿元
S	银行权益价值	亿元
μ	资产即时收益率	亿元
σ	资产波动率	亿元
r_f	无风险利率	亿元
r_d	存款利率	亿元
T	存款保险期限	年

　　注：由于本书模型的符号较多，以下章节如无特殊说明，除主要符号表列示符号外，各章节所设定其余符号只在该章内有效。

参考文献

［1］孙晓琳：《基于责任承担的存款保险定价研究》，大连理工大学出版社 2012 年版。

［2］苏宁：《存款保险制度设计——国际经验与中国选择》，社会科学文献出版社 2007 年版。

［3］朱波、黄曼：《监管宽容下的存款保险定价应用研究》，《南方经济》2008 年第 12 期。

［4］孙晓琳、秦学志、陈田：《监管宽容下资本展期的存款保险定价模型》，《运筹与管理》2011 年第 1 期。

［5］方洪全、曾勇：《银行信用风险评估方法实证研究及比较分析》，《金融研究》2004 年第 1 期。

［6］顾远：《违约风险评估模型及其实证研究》，《安徽工业大学学报》（社会科学版）2006 年第 6 期。

［7］程鹏、吴冲锋、李为冰：《信用风险度量和管理方法研究》，《管理工程学报》2002 年第 1 期。

［8］沈福喜、高阳、林旭东：《国外存款保险费率的借鉴与统计研究》，《统计研究》2002 年第 2 期。

［9］罗滢：《存款保险理论与实践》，社会科学文献出版社 2005 年版。

［10］张正平、何广文：《存款保险定价理论研究的新进展》，《经济评论》2006 年第 2 期。

［11］魏志宏：《中国存款保险定价研究》，《金融研究》2004 年第 5 期。

［12］孙杨：《商业银行道德风险与存款保险定价研究》，《产业经济

研究》2005 年第 5 期。

[13] 张亚涛：《存款保险定价模型之探究》，《国际金融研究》2003
年第 11 期。

[14] 罗滢：《存款保险的定价研究》，《金融与经济》2006 年第
3 期。

[15] 张金宝、任若恩：《未保险存款的利率对存款保险定价的影
响》，《系统工程》2007 年第 4 期。

[16] 张金宝、任若恩：《基于商业银行资本配置的存款保险定价方
法研究》，《金融研究》2007 年第 1 期。

[17] 张金宝、任若恩：《银行债务的清偿结构与存款保险定价》，
《金融研究》2007 年第 6 期。

[18] 李金迎、詹原瑞：《基于银行收益的存款保险定价方法研究》，
《西安电子科技大学学报》（社会科学版）2009 年第 4 期。

[19] 李金迎、詹原瑞：《信用风险与存款保险定价：方法与实证》，
《西北农林科技大学学报》（社会科学版）2010 年第 1 期。

[20] 展雷艳：《基于 Merton 模型的存款保险定价研究》，《技术经
济》2010 年第 3 期。

[21] 刘海龙、杨继光：《基于银行监管资本的存款保险定价研究》，
《管理科学学报》2011 年第 3 期。

[22] 钱小安：《存款保险的道德风险、约束条件与制度设计》，《金
融研究》2004 年第 8 期。

[23] 付强、涂燕、岑永：《基于风险的存款保险定价能解决道德风
险吗》，《西南民族大学学报》（人文社会科学版）2004 年第
3 期。

[24] 刘鑫、丁卓武：《存款保险定价、额度与银行业道德风险分
析》，《数学理论与应用》2008 年第 1 期。

[25] 冯伟、曹元涛：《挤兑风险与道德风险的权衡：显性存款保险
制度下最优保险范围的制定》，《经济与管理研究》2008 年第
2 期。

[26] 李钢、赵武、曾勇：《去周期影响的存款保险费率定价研究》，

《金融研究》2010 年第 7 期。

[27] 张圣平：《偏好、信念、信息与证券价格》，人民出版社 2002 年版。

[28] 张维、张永杰：《异质信念、卖空限制与风险资产价格》，《管理科学学报》2006 年第 4 期。

[29] 张维、张海峰、张永杰、熊熊：《基于前景理论的波动不对称性》，《系统工程理论与实践》2012 年第 3 期。

[30] 何大安：《理性选择向非理性选择转化的行为分析》，《经济研究》2005 年第 8 期。

[31] 刘海龙、杨继光：《基于银行监管资本的存款保险定价研究》，《管理科学学报》2011 年第 3 期。

[32] 龚朴、陈睿：《投资者异质信念下可转换债券赎回策略》，《系统工程理论与实践》2012 年第 3 期。

[33] 马健、刘志新、张力健：《异质信念、融资决策与投资收益》，《管理科学学报》2013 年第 1 期。

[34] 陆静、曹国华、唐小我：《基于异质信念和卖空限制的分割市场股票定价》，《管理科学学报》2011 年第 1 期。

[35] 严加安：《鞅与随机积分引论》，上海科学技术出版社 1981 年版。

[36] 张志波、齐中英：《基于 VaR 模型的金融危机传染效应检验方法与实证分析》，《管理工程学报》2005 年第 3 期。

[37] 叶五一、缪柏其、马宇超：《基于危险率函数变点监测的美国次级债危机传染分析》，《系统工程理论实践》2010 年第 3 期。

[38] 詹原瑞、刘俊梅：《预期短缺 ES 估计的稳定性分析》，《系统工程学报》2008 年第 5 期。

[39] 蔡宗武、陈琳娜、方颖：《人民币汇率的半参数预测模型》，《系统工程理论与实践》2012 年第 4 期。

[40] 叶五一、缪柏其：《基于动态分位点回归模型的金融传染分析》，《系统工程学报》2012 年第 2 期。

[41] 池丽旭、庄新田：《投资者的非理性行为偏差与止损策略》，

《管理科学学报》2011 年第 10 期。

[42] 宋斌、林则夫、刘黎黎等:《基于博弈期权的可转债定价模型及其实证研究》,《系统管理学报》2013 年第 6 期。

[43] 姜礼尚、徐成龙、任学敏等:《金融衍生产品定价的数学模型与案例分析》,高等教育出版社 2008 年版。

[44] 柯孔林、冯宗宪、陈伟平:《银行资本监管的经济波动效应》,《系统工程理论与实践》2013 年第 2 期。

[45] International Association of Deposit Insurers, Core Principles for Effective Deposit Insurance Systems [R]. Working Paper, Bank for International Settlements Press & Communications, 2009.

[46] Bruche, M., Suarez, J., Deposit insurance and money market freezes [J]. *Journal of Monetary Economics*, 2010, 57, pp. 45 – 61.

[47] Duan, J. C., Moreau, A. F., Sealey, C. W., Fixed – rate deposit insurance and risk – shifting behavior at commercial banks [J]. *Journal of Banking & Finance*, 1992, 16 (4), pp. 715 – 742.

[48] DeLonga, G., Saunders, A., Did the introduction of fixed – rate federal deposit insurance increase long – term bank risk – taking? [J]. *Journal of Financial Stability*, 2011, 7, pp. 19 – 25.

[49] Merton, R. C., An analytic derivation of the cost of deposit insurance and loan guarantees An application of modern option pricing theory [J]. *Journal of Banking & Finance*, 1977, 1, pp. 3 – 11.

[50] Marcus, A. J., Shaked, I., The Valuation of FDIC Deposit Insurance Using Option – pricing Estimates [J]. *Journal of Money, Credit, and Banking*, 1984, 16 (4), pp. 446 – 460.

[51] Ronn, E. I., Verma, A., Pricing Risk – Adjusted Deposit Insurance: An Option – Based Model [J]. *The Journal of Finance*, 1986, 41 (4), pp. 871 – 895.

[52] Duan, J. C., Maximum likelihood estimation using price data of the derivative contract [J]. *Mathematical Finance*, 1994, 4 (2), pp. 155 – 167.

[53] Duan, J. C. , Moreau, A. F. , Sealey, C. W. , Deposit insurance and bank interest rate risk: Pricing and regulatory implications [J]. *Journal of Banking & Finance*, 1995, 19, pp. 1091 – 1108.

[54] Gortona, G. B. , Pennacchic, G. G. , Banks and loan sales Marketing nonmarketable assets [J]. *Journal of Monetary Economics*, 1995, 35 (3), pp. 389 – 411.

[55] Anderson, R. W. , Cakici, N. , The Value of deposit insurance in the presence of interest rate and credit risk [J]. *Financial Markets, Institutions & Instruments*, 1999, 8 (5), pp. 45 – 62.

[56] Acharya S. Charter, Value, minimum bank capital requirement and deposit insurance pricing in equilibrium [J]. *Journal of Banking & Finance*, 1996, 20, pp. 351 – 375.

[57] Hwang, D. Y. , Shie, F. S. , Wang, K. et al. , The pricing of deposit insurance considering bankruptcy costs and closure policies [J]. *Journal of Banking & Finance*, 2009, 33, pp. 1909 – 1919.

[58] Lee, S. C. , Lee, J. P. , Yu, M. T. , Bank capital forbearance and valuation of deposit insurance [J]. *Canadian Journal of Administrative Sciences*, 2005, 22 (3), pp. 220 – 229.

[59] Dermine, J. , Lajeri, F. , Credit risk and the deposit insurance premium: Anote [J]. *Journal of Economics and Business*, 2001 (53), pp. 497 – 508.

[60] Jacky, S. , Wei, J. Z. , Deposit Insurance and Forbearance under moral hazard [J]. *The Journal of Risk and Insurance*, 2004, 71 (4), pp. 707 – 735.

[61] Joe, A. , FDIC's premium revamp seen costing big banks [J]. *American Banker*, 2006, 171 (135), pp. 4 – 4.

[62] Press, S. J. , Wilson, S. , Choosing between logistic regression and discriminant analysis [J]. *America Statistics Association*, 1978, 73, pp. 699 – 705.

[63] Sjur, W. , Wijst, N. , Default probabilities in a corporate bank

portfolio: A logistic model approach [J]. *European Journal of Operational Research*, 2001, 135, pp. 338 – 349.

[64] Altman, E. I. , Financial ratios discriminant analysis and the prediction of corporate bankruptcy [J]. *Journal of Finance*, 1968, 23, pp. 589 – 609.

[65] Altman, E. I. , Haldeman, R. G. , Narayanan, P. , ZET Aanalysis: A new model to identify bankruptcy risk of corporations [J]. *Journal of Banking and Finance*, 1977, 1, pp. 29 – 54.

[66] Desai, V. S. , Crook, J. N. , Overstreet, G. A. , A comparison of neural networks and linear scoring models in the credit union environment [J]. *European Journal of Operational Research*, 1996, 95, pp. 24 – 37.

[67] Odom, M. D. , Sharda, R. A. , Neural network for bankruptcy prediction. International Joint Conference on Neural Network [C]. New York: New York University Press, 1990, pp. 163 – 168.

[68] Sironi, A. , Zazzara, C. , Applying credit risk models to deposit insurance pricing: Empirical evidence from the Italian banking system [J]. *Journal of International Banking Regulation*, 2004, 6 (1), pp. 10 – 32.

[69] Merton, Robert C. , On the pricing of corporate debt: The Risk Structure of Interest Rates [J]. *The journal of Finance*, 1974, 29 (2), pp. 449 – 470.

[70] Jarrow, R. A. , Turnbull, S. M. , Pricing derivatives on financial securities subject to credit risk [J]. *The Journal of Finance*, 1995, 50 (1), pp. 53 – 85.

[71] Jarrow, R. , Turnbull, S. , Pricing derivatives of financial securities subject to credit risk [J]. *Journal of Finance*, 1995, (50), pp. 53 – 85.

[72] Jarrow, R. A. , Lando, D. , Turnbull, S. M. , A markov model for the term structure of credit risk spreads [J]. *The Review of Finan-*

cial Studies, 1997, 10 (2), pp. 481 – 523.

[73] Lando, D. , On cox processes and credit risky securities [J]. *Review of Derivatives Research*, 1998, 2 (2 – 3), pp. 99 – 120.

[74] Kau, J. B. , Keenan, D. C. , Smurov, A. A. , Reduced – form mortgage valuation [R], Working Paper, 2006.

[75] Duffie, D. , Jarrow, R. , Purnanandam, A. et al. , Market pricing of deposit insurance [J]. *Journal of Financial Services Research*, 2003, 24 (2 – 3), pp. 93 – 119.

[76] Sironi, A. , Zazzara, C. , Applying credit risk models to deposit insurance pricing: Empirical evidence from the Italian banking system [J]. *Journal of International Banking Regulation*, 2004, 6 (1), pp. 10 – 32.

[77] Chiang, F. T. , Wu, E. C. , Premium Setting and Bank Behavior in a Voluntary Deposit Insurance Scheme [J]. *Review of Quantitative Finance and Accounting*, 2007, 29, pp. 205 – 222.

[78] Acharya, V. V. , Santos, J. A. C. , Yorulmazer, T. , Systemic Risk and Deposit Insurance Premiums [R]. Working Paper, 2009.

[79] Staum, J. C. , Systemic risk components and deposit insurance premia [J]. *Quantitative Finance*, 2012, 12 (4), pp. 651 – 662.

[80] Prean, N. , Stix, H. , The effect of raising deposit insurance coverage in times of financial crisis – Evidence from Croatian microdata [J]. *Economic Systems*, 2011, 35, pp. 496 – 511.

[81] Angkinand, A. , Banking regulation and the output cost of banking crises [J]. *Journal of International Financial Markets, Institutions and Money*, 2009, 19, pp. 240 – 257.

[82] Iyer, R. , Puri, M. , Understanding bank runs: The importance of depositor – bank relationships and networks [R]. Cambridge: NBER Working Paper 14280, 2008.

[83] Mbarek, L. , Hmaied, D. M. , Deposit Insurance and Bank Risk – shifting Incentives: Evidence from the Tunisian Banking System [J].

Journal of Money, *Investment & Banking*, 2011, 20, pp. 41 –53.

[84] Angkinand, A. , Wihlborg, C. , Deposit insurance coverage, ownership, and banks' risk – taking in emerging markets [J]. *Journal of International Money and Finance*, 2010, 29, pp. 252 –274.

[85] Forssbaeck, J. , Ownership structure, market discipline, and banks' risk – taking incentives under deposit insurance [J]. *Journal of Banking & Finance*, 2011, 35, pp. 2666 –2678.

[86] Guizani, B. , Watanabe, W. , The Deposit Insurance and the Risk – Shifting Incentive Evidence from the Blanket Deposit Insurance in Japan [A]. Keio/Kyoto Joint Global COE Discussion Paper Series [C]. Keio/ Kyoto Joint Global COE Program, 2010 –004.

[87] Ioannidou, V. P. , Penas, M. F. , Deposit Insurance and Bank Risk – Taking: Evidence from Internal Loan Ratings [J]. *Journal of Financial Intermediation*, 2010, 19 (1), pp. 95 –115.

[88] Chernykh, L. , Cole, R. A. , Does deposit insurance improve financial intermediation? Evidence from the Russian experiment [J]. *Journal of Banking & Finance*, 2011, 35, pp. 388 –402.

[89] Pennacchi, George G. , The Effects of Setting Deposit Insurance Premiums to Target Insurance Fund Reserves [J]. *Journal of Financial Services Research*, 1999, 16 (2/3), pp. 153 –180.

[90] Konstas, Panos, The Bank Insurance Fund: Trends, Initiatives, and the Road Ahead [J]. *FDIC Banking Review*, 1992, 5 (2), (Fall/Winter).

[91] Shaffer, Sherrill, Deposit Insurance Pricing: The Hidden Burden of Premium Rate Volatility [J]. *Cato Journal*, 1997, 17 (1), (Spring/Summer).

[92] Georg G. Pennacchi, Risk – Based CapitalStandards, DepositInsurance, and Procyclicality [J]. *Journal of Financial Intermediation*, 2006, 14 (4), pp. 432 –465.

[93] Jarrow, R. , Madan, D. , Haluk, U. , Designing Countercyclical

and Risk Based Aggregate Deposit Insurance Premia. working paper, 2006, Available at: http://ssrn. com/abstract = 964481.

[94] Altunbas, Y. , Thornton, J. , Deposit insurance and private capital inflows: Further evidence [J]. *Journal of International Financial Markets, Institutions & Money*, 2013, 27, pp. 243 – 247.

[95] Anginer, D. A. , Demirguc, K. , Zhu, M. , How does deposit insurance affect bank risk? Evidence from the recent crisis [R]. Working paper, 2012, Available at: http://dx. doi. org/10. 1596/ 1813 – 9450 – 6289.

[96] Kiss, H. J. , Rodriguez, I. , Garcia, A. R. , On the effects of deposit insurance and observability on bank runs: An experimental study [J]. *Journal of Money, Credit and Banking*, 2012, 44, pp. 1651 – 1665.

[97] Quijano, M. , Financial fragility, uninsured deposits, and the cost of debt [J]. *The North American Journal of Economics and Finance*, 2013, 24 (1), pp. 159 – 175.

[98] Hong, H. , Stein, J. , Disagreement and the stock mardet [J]. *Journal of Economic Perspective*, 2007, 21, pp. 109 – 128.

[99] Xiong, W. , Bubbles, crisis and heterogeneous beliefs [R]. Working Paper, Princeton University, 2012.

[100] Miller, E. M. , Risk, uncertainty and divergence of opinion [J]. *Journal of Finance*, 1977, 32 (4), pp. 1151 – 1168.

[101] Kahneman, D. , Tversky, A. , Prospect theory: An analysis of decision under risk [J]. *Econometrica*, 1979, 47, pp. 263 –291.

[102] Rieger, M. O. , Wang, M. , Cumulative prospect theory and the St. Petersburg paradox [J]. *Economic Theory*, 2006, 28, pp. 665 –679.

[103] Prelec, D. , The probability weighting function [J]. *Econometrica*, 1998, 66, pp. 497 – 527.

[104] Duan, J. C. , Simonato, J, G. , Maximum likelihood estimation of deposit insurance value with interest rate risk [J]. *Journal of Empirical Finance*, 2002, 9, pp. 109 – 132.

[105] Duan, J. C. , Maximum likelihood estimation using price data of the derivative contract [J]. *Mathematical Finance*, 1994, 4 (2), pp. 155 - 167.

[106] End, W. A. , Tabbae, M. , When liquidity risk becomes a systemicissue: Empirical evidence of bank behaviour [J]. *Journal of Financial Stability*, 2012, 8 (2), pp. 107 - 120.

[107] Postlewaite, Andrew, Xavier Vives: Bank Runs as an Equilibrium Phenomenon [J] . *Journal of Political Economy*, 1987, 95, pp. 485 - 491.

[108] Goldstein, Itay, Pauzner, A. Demand Deposit Contracts and the Probability of Bank Runs [J]. *Journal of Finance*, 2005, 60, pp. 1293 - 1327.

[109] Rochet, Charles J. , Vives, X. , Coordination Failure and the Lender of Last Resort [J]. *Journal of European Economic Association*, 2005, 2, pp. 1116 - 1147.

[110] Jacklin, Charles, Bhattacharya, S. , Distinguishing Panics and Information - Based Bank Runs: Welfare and Policy Implications [J]. *Journal of Political Economy*, 1988, 96, pp. 568 - 592.

[111] Chen, Yehning, Banking Panics: The Role of the First - Come, First - Served Rule and Information Externalities [J] . *Journal of Political Economy*, 1999, 107, pp. 946 - 968.

[112] Calomiris, Charles, Kahn C. , The Role of Demandable Debt in Structuring Optimal Banking Arrangements [J]. *American Economic Review*, 1991, 81, pp. 497 - 513.

[113] Osili, U. O. , Paulson, A. , Crises and confidence: Systemic banking crises and depositor behavior [J]. *Journal of Financial Economics*, 2014, 111, pp. 646 - 660.

[114] Malmendier, U. , Nagel, S. , Depression babies: Do macroeconomic experiences affect risk - taking? [J]. *Quarterly Journal of Economics*, 2011, 126, pp. 373 - 416.

[115] George G. Pennacchi, Bank deposit insurance and business cycles: Controlling the volatility of risk – based premiums [C]. Conference Series, Federal Reserve Bank of Boston, 2002.

[116] Dieckmann, S., Gallmeyer, M., Rare event risk and emerging market debt with heterogeneous beliefs [J]. *Journal of International Money and Finance*, 2013, 33, pp. 163 – 187.

[117] Angkinand, A., Wihlborg, C., Deposit insurance coverage, ownership, and banks' risk – taking in emerging markets [J]. *Journal of International Money and Finance*, 2010, 29, pp. 252 – 274.

[118] Forbes, K., Rigobon, R., Measuring Contagion: Conceptual and Empirical Issues [M]. International Financial Contagion, New York: Springer, 2001.

[119] Longin, F. M., Solnik, B., Extreme correlations of international equity markets during extremely volatile periods [J]. *Journal of Finance*, 2001, 56 (2), pp. 649 – 676.

[120] Bekaert, G., Wu, G., Asymmetric volatility and risk in equity markets [J]. *Review of Financial Studies*, 2000, 13 (1), pp. 1 – 42.

[121] Artzner, P., Delbaen, F., Eber, J. M. et al., Coherent measures of risk [J]. *Mathematical Finance*, 1999 (9), pp. 203 – 228.

[122] Chevapatrakul, T., Monetary environments and stock returns revisited: A quantile regression approach [J]. *Economics Letters*, 2014, 123, pp. 122 – 126.

[123] Cai, Y., Stander, J., Davies, N., A new Bayesian approach to quantile auto regressive time series model estimation and forecasting [J]. *Journal of Time Series Analysis*, 2012, 33 (4), pp. 684 – 698.

[124] Koenker, R., Gilbert, B., Regression quantiles [J]. *Econometrica*, 1978, 46 (1), pp. 33 – 50.

[125] Huarng, K. H., Yu, H. K., A new quantile regression forecasting model [J]. *Journal of Business Research*, 2014, 67, pp. 779 – 784.

[126] Gerlacha, R. H. , Chen, C. W. S. , Chan, N. , Y. C. , Bayesian time – varying quantile forecasting for value – at – risk in financial markets [J]. *Journal of Business & Economic Statistics*, 2011, 29 (4), pp. 481 –492.

[127] Acharya, V. , Engle, R. F. , Richardson, M. , Capital shortfall: A new approach to ranking and regulating systemic risks [J]. *American Economic Review Papers and Proceedings*, 2012, 102 (3), pp. 59 –64.

[128] Billio, Monica, Getmansky, M. et al. , Econometric Measures of Systemic Risk in the Finance and Insurance Sectors [R]. National Bureau of Economic Research Working Paper: 16223, 2010.

[129] Hovakimian, A. , Kane, E. , Effectiveness of capital regulation at U. S. commercial banks, 1985 to 1994 [J]. *Journal of Finance*, 2000, 55, pp. 451 –468.

[130] Wagster, J. D. , Wealth and risk effects of adopting deposit insurance in Canada: Evidence of risk shifting by banks and trust companies [J]. *Journal of Money, Credit and Banking*, 2007, 39 (7), pp. 1651 –1681.

[131] Imai, M. , Takarabe, S. , Transmission of liquidity shock to bank credit: Evidencefrom the deposit insurance reform in Japan [J]. *Journal of The Japanese and International Economies*, 2011, 25, pp. 143 –156.

[132] Goedde – Menke, M. , Langer, T. , Pfingsten, A. , Impact of the financial crisis on bank run risk – Danger of the days after [J]. *Journal of Banking & Finance*, 2014, 40, pp. 522 –533.

[133] Weber, M. , Weber, E. U. , Nosic, A. , Who takes risks when and why: Determinants of changes in investor risk taking [J]. *Review of Finance*, 2012, 17, pp. 847 –883.

[134] Hackbarth, D. , Miao, J. , Morellec, E. , Capital structure, credit risk and macroeconomic conditions [J]. *Journal of Financial*

Economics, 2006, 82, pp. 519 – 550.

[135] Emilio, B. , Luca, D. V. , Countercyclical contingent capital [J]. *Journal of Banking & Finance*, 2012, 36, pp. 1688 – 1709.

[136] Levy, H. , Wiener, Z. , Prospect theory and utility theory: Temporary versus permanent attitude toward risk [J]. *Journal of Economics and Business*, 2013, 68, pp. 1 – 23.

[137] Li, Y. , Yang, L. Y. , Prospect theory, the disposition effect, and asset prices [J]. *Journal of Financial Economics*, 2013, 107 (3), pp. 715 – 739.

[138] Mattosa, F. , Garciaa, P. , Pennings, J. , Probability weighting and loss aversion in futures hedging [J]. *Journal of Financial Markets*, 2008, 11, pp. 433 – 452.

[139] Gonzalez, R. , Wu, G. , On the shape of the probability weighting function [J]. *Cognitive Psychology*, 1999, 38, pp. 129 – 166.

[140] Stott, H. P. , Cumulative prospect theory's functional menagerie [J]. *Journal of Risk and Uncertainty*, 2006, 32, pp. 101 – 130.

[141] Davies, G. B. , Satchell, S. E. , Continuous cumulative prospect theory and individual asset allocation [R]. Cambridge Working Papers in Economics No. 0467, University of Cambridge, 2005.

[142] Nelson, C. , Escalante, C. , Toward exploring the location – scale condition: A constant relative risk aversion location – scale objective function [J]. *European Review of Agricultural Economics*, 2004, 31, pp. 273 – 287.

[143] Oshinsky, Robert, Effects of Bank Consolidation on the Bank Insurance Fund [R]. Division of Research and Statistics, Federal Deposit Insurance Corporation, 1999.

[144] Kunt, A. D. , Baybars, K. , Luc, L. , Deposit insurance around the world: A comprehensive database [R]. Policy Research Working Paper No. 3628, Washington D. C. : World Bank, 2005.

[145] Hanno, Lustig H. , Roussanov, N. , Verdelhan, A. , Countercycli-

calcurrencyriskpremia ［ J ］. *Journal ofFinancialEconomics*，2014，111，pp. 527 - 553.

［146］ Verdelhan，A. ，A habit - based explanation of the exchange rate risk premium ［J］. *Finance*，2010，65（1），pp. 123 - 145.

［147］ Engineer，M. H. ，Schurea，P. ，Gillis，M. ，A positive analysis of deposit insurance provision：Regulatorycompetition among European Union countries ［J］. *Journal of Financial Stability*，2013，9，pp. 530 - 544.

［148］ Chia - Ling，Ho，C. L. ，Lai，G. C. ，Lee，J. P. ，Financial reform and the adequacy of deposit insurance fund：Lessons from Taiwanese experience ［J］. *International Review of Economics and Finance*，2014，30，pp. 57 - 77.

［149］ Jeon，B. N. ，From the 1997 - 98 Asian financial crisis to the 2008 - 09 global economics crisis：Lessons from Korea's experience ［J］. *East Asian Law Review*，2010，5，pp. 103 - 154.

［150］ Malkonena，V. ，Niinimaki，J. P. ，Blanket guarantee，deposit insurance and restructuring decisions for multinational banks ［J］. *Journal of Financial Stability*，2012，8，pp. 84 - 95.

［151］ Liua，Y. ，Jib，Y. ，Jiao，R. J. ，A Stackelberg Solution to Joint Optimization Problems：A Case Study of Green Design ［J］. *Procedia Computer Science*，2013，16，pp. 333 - 342.

后　记

　　如何为存款保险定价？如何能权衡考虑存款保险制度的正负两方面效应？如何准确地选取模型、估计参数？这些富有挑战性的难点问题，是笔者所在团队四年以来的主攻方向。这里呈现给大家的点滴工作，凝聚了我们几年来的汗水和心血，我们旨在抛砖引玉，期待今后有更好、更新、更多的研究成果出现，希望以此激励笔者和感兴趣的读者持续不断地探索。

　　我们以跳—扩散和随机微分方程相关定价技术为主线，将貌似零散的科研成果融合在一起形成书稿，是对以往研究工作的总结，更重要的是增加了对存款保险制度的系统认识。在研究过程中，从模型构建到参数估计和模拟计算，遇到过许多未曾想到的困难。每一次的解决方案，都是在大家共同研读资料、提炼出各自观点与方法、经过无数次的讨论后最终形成的。我们既体验了科研工作的辛苦，又品味了研究的乐趣。经过磨砺终成此书，尤其感觉珍贵成果的来之不易。

　　在此书稿成型之际，我又一次忆起攻读博士学位的日子，感谢导师秦学志教授的悉心指导，我博士阶段的研究工作，每个阶段都倾注了秦老师的大量心血。值此本书完成之际，谨向恩师致以崇高的敬意和衷心的感谢！感谢研究团队中的其他博士生：尚勤、孙晓琳、王小梅、李静一、胡友群、郭明、宋宇；硕士生：刘璐、刘甜、王珏、窦晓婷、孟元元等，与大家的讨论和交流，使我在各方面受益良多。

　　感谢所有曾给予我们团队的帮助，感谢在这里没能一一提及名字的许多师长和朋友们！感谢许多未曾谋面的引文学者们，他们丰富了我们的知识，开阔了我们的视野，为本书的形成提供了有力的支持！感谢家人！感谢岁月的磨砺！

本书的出版得到了国家自然科学基金（71171032）的资助支持，再次表示由衷的感谢！

吕筱宁

2016 年 12 月